女に向かって

Onna ni mukatte

中国女性学をひらく

李小江
Li Xiao jiang
秋山洋子 訳

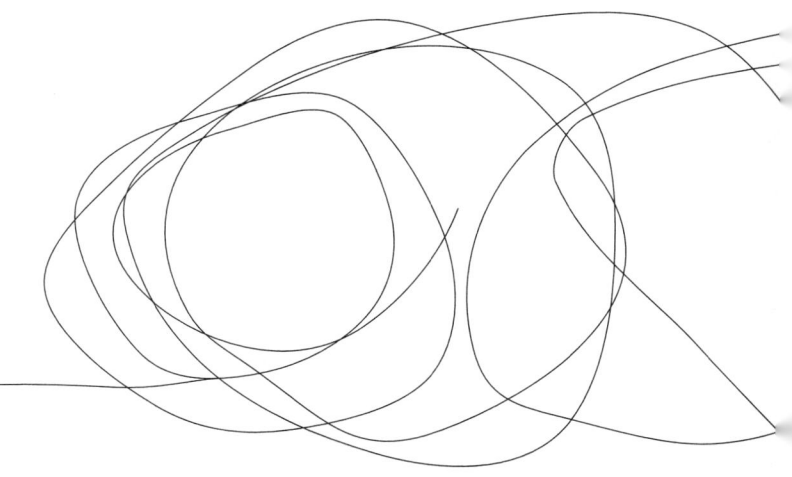

インパクト出版会

日本版への序

ともに世界に向かうために

一九五〇年代、中国女性の「解放」は、世界各国の女性から注目されました。多くの女たちが夢見た「男女平等」、「女も天の半分を支えることができる」という状況が、中国ではすべて実現したかにみえたのです。わたしはまさに、そのような背景のもとに生まれ、「男女はみな同じ」という教えを受けて成長しました。つまり、わたしは社会主義による女性解放の直接の受益者であり、同時にまたその反逆者でもあるのです。

「反逆」とは、「男女はみな同じ」と宣伝している社会の中で、じつは女は男とは違うと公然と宣言し、男のまねをする道からきびすを返して「女に向かった」ことです。

わたしにはわかっています。このようなわたしのやり方が、今日の世界の多くの女たちのやり方とは違っていること、より多くの女たちは、中国女性の社会的地位と中国女性が享受している「男女平等」をうらやみ、「男女はみな同じ」社会環境を望んでいることを。したがって「女に向かう」ことは理解されず、伝統への回帰だとみなされます。でも、このようなわたしの呼びかけに、多くの中国女性が呼応したのです。

なぜでしょう。

わたしの世代の中国の女は、歴史上の女性たちや世界の多くの国々の女性たちに比べると、たしかにとても高い社会的出発点に立っています。つまり、男と同じ水準まで引き上げられたのです。これは格上げですが、逆に新たな格下げといえるかもしれません。なぜなら「男女はみな同じ」という旗印のもとで、女は消えてしまったからです。女性に関わるすべてのものはみな「プチブル階級」のものとして、批判され蔑視されました。わたしたち女の性を持つものは、女性の性別を軽視し喪失すると同時に、自己も喪失し、胸を張って暮らしてゆくことができませんでした。「女に向かう」ということは、実際には女の自主権の回復であり、わたしたちの自信の回復だったのです。

今日のこの世界は、多元化が提唱されつつあり、豊かで多彩な顔がますますくっきり見えてきました。女の世界も例外ではありません。わたしは自分たちのこの経験を貴重なものだと考え、それが他の国の女性たち、かつて中国社会の「男女平等」を志向した人たちの参考になると信じています。わたしたちの体験の中からもう一つの面を見出すことができると信じています。それは平等と発展をかちとるための共同の探索の中で、意志疎通と理解を強めるにちがいありません。

意志疎通と理解において、翻訳はとても重要な手段です。考えてみれば、わたしはまだ日本に足を踏み入れる前から、翻訳書を通じて日本と日本の女性を理解していました。極論すれば、翻訳された著作を読むことは、馬上から花見をするようなあわただしい実見よりも、ひとつの民族とその文化をより深く認識することを可能にするとさえ思えます。だからわたしは、秋山さんがわたしの本を日本語に翻訳し、わたしと日本の友人の間に橋を架けて、より多くの人がわたしの体験を通じて中国の女性たちや、かつてのわたしたちの解放や、この種の「解放」に対するわたしたちの反省と今日の努力について理解できるようにしてくださったことに、ここで特に感謝いたします。

わたしはこの本の中で、多くの箇所で「東方」と「西方」に言及しました。もともと「東方」というときには、多くは中国の女性を指していますが、日本の女性も疑いなく「東方の女」です。日本の女性はわたしのいうこの「東方」に自己を同一化するのでしょうか。それはわたしにはわかりません。だからさらに多くの日本の女性がこの本を読んだあとで、わたしたちの間の異同を比較し、自分の意見を述べてくださることを期待しています。世紀がかわり、全地球の経済が一体化しつつある中で、わたしたちは文化を再建するという共同の責任を負っているのです。

中国の女性についていえば、単に「女に向かう」だけでは十分ではありません。わたしたちはさらに「世界に向かう」ことが必要です。長期にわたって社会が閉鎖状態にあったため、わたしたちの対外交流は不十分であり、外の世界に対する認識はまだ非常に限られています。わたしの見方では、「女に向かう」がフェミニズムの超越であったとすれば、今日の「世界に向かう」はフェミニズムとの同盟、世界の女性と平和を愛する人々との同盟です。それによって「平和と発展」という共同の目標のもとに共に成長し、自分の努力によって自分の分担すべき責任をになうことなのです。

一九九九年五月二四日、北京円明園花園にて

李小江

女に向かって……9

【凡例】

・本書は、李小江《走向女人——新時期婦女研究紀実》（河南人民出版社、一九九五年）の翻訳である。

・文中の（　）は原書にあるもの、〔　〕は訳註である。

・長い訳註は（1）（2）の記号を用い、各章末につけた。

・付録の原註は①②の記号を用いて文末につけた。

・中国語の書名は《　》を、日本語訳は『　』を使って区別した。

女に向かって

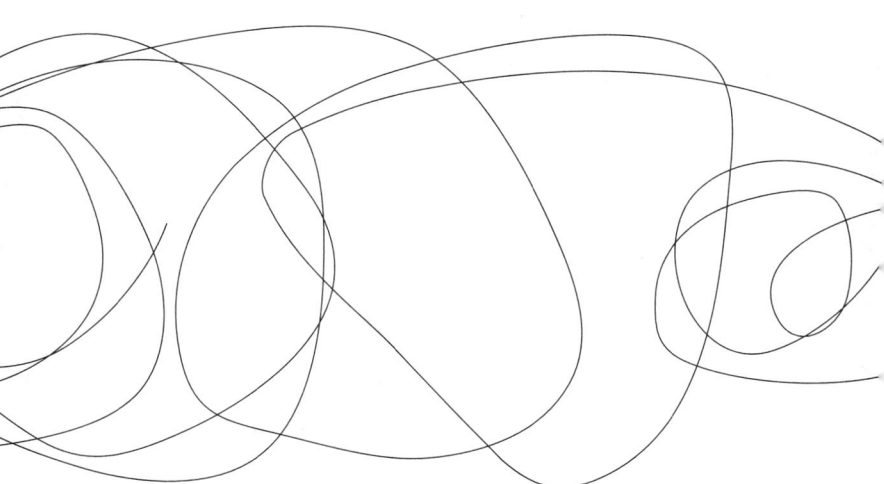

序章　女に向かって

一

三〇年前、わたしの心は空想に満ちあふれ、理想に胸を躍らせていた。心にはさまざまな思いがよぎったが、その思いは女とは縁もゆかりもないものだった。

そのころ、じつはわたしはまるで女のことをわかっていなかった。

わたしは幼年期、児童期、少女期をほとんど学校のキャンパスで過ごした。寄宿生だったこともあるし、自宅に帰るといってもやはりキャンパスの中だった。父母は、九江、南昌、上海、長春、瀋陽、北京、のちには鄭州と、勤務する大学を次々と移っていった。わたしは両親といっしょに南から北へ、各地の風光をかいまみて、多くの友達と知りあったが、学校から学校へと移動するばかりで、世間の生活とはかけ離れていた。当時はまだ多くの女性が伝統の重荷を背負っていたし、わたしの父母は五人の娘がいるのにまだ男の子を欲しがったとはいうものの、比較的静かな学校という環境の中にいたうえに、民族精神と階級闘争の気分が高揚していた時代だったので、公平にみてわたしや姉妹たちは女性差別を感じたことも、女としての屈辱を体験したこともなかった。

わたしたちの世代の女は、歴史の常道からはずれた特殊な環境の中から生み出されたとわたしは思う。わたしたちはこの時代を享受し、この社会的条件が与えてくれた「平等」のすべてを、プラスもマイナスもあわせて受け取った。この一時期、「伝統」は「革命」の前に身を縮め、プロレタリア階級はブルジョア階級を排斥した。封建主義のさまざまな表れも極端に排斥された。中国人の話し言葉では、「封建」という言葉ははっきりジェンダーの意味を帯びていて、政治ではなく、男女関係において古くさいという特殊な意味で使われる。わたしたちの世代の女は、都市であろうと農村であろうと、労働者であろうと知識層であろうと、このような政治的雰囲気の中で社会に進出し、まったく新しい、解放の時代に踏み込んだのだった。いま、四〇年がすぎて、生活は多くの面でもとの姿に戻ったが、女だけはもとの姿には戻れない。わたしの父はなかなかうまいことを言った。「解放後四〇年、中国社会でもっとも大きく変化したのは女と役者だ」。

このような「平等」な社会環境の中で、自分の性別身分《ジェンダー》を自覚的に認識するのは困難だ。わたしは自分が女だと知ってはいたが、それがなにか特殊な意味を持つとは思わなかったし、それが「人」あるいは男とどういう本質的な違いがあるか知らなかった。そのころ、もしだれかが女性研究をやろうと言いだしたら、たぶんわたしはもっとも激しく反対した一人だったろう。

子供時代、わたしはふつうの男の子より「腕白」だった。木登りや垣根越えやパチンコが好きで、靴をはくのが嫌い、髪を結うのはもっと嫌いだった。スポーツが好きで、歌や踊りが好きだったが、ルールのある競技会に出たり、化粧をして舞台にたつのはいやだった。今になって思えば、あのころの好みと行動は、わざと男の子をまねたわけではなく、人がみな持つ自由を熱愛し拘束を嫌う天性によるものだった。三〇年以上がたち、わたしはもうずいぶん長く純粋な女の道を歩んできたが、天性と好みは昔のままだ。

わたしにとって、女性意識の目覚めは「性」の目覚めと同時にやってきた。そのもっとも激しい反応は、極端な女性蔑視であり、「女」とは決別しようという決心だった。ここ数年、わたしは多くの未知の女性から手紙をもらうが、彼女たちはわたしとそっくりの体験と心の遍歴を経てきたと語っている。これらの声に励まされて、わたしはさらに意識的に、自分の経歴と実感の中からわれわれの世代の女性の喜びと苦しみを感じとろうと試みる。

いくつかの出来事がわたしを心の奥底から揺さぶった。

小学校卒業の時、クラスの中で年かさの二人の女生徒が、中学に進学しないで紡績女工になることにした。わたしはそれが悲しかった。でも、彼女たちの態度はまるで違っていた。その一人は逆にわたしを慰めていった。

「いいのよ、あたし勉強はもうウンザリ。女の子が勉強してなんの役に立つ？　どっちみち将来は結婚して、子を産んで、男にかないっこないもの。これが運命よ」

それは月夜だった。わたしたち七、八人の女子寄宿生は運動場のブランコに腰掛けていた。おしゃべりと笑いがとぎれて、弔いのような静寂が訪れた。「わたしはそんなこと信じない」といいたかったが、なにもいえなかった。わたしは唇をかみしめ、ひそかに心に誓った。「わたしはクラス中の男の子を追い越してやる、あなたたちに見せてあげる」。かみしめた唇からにじみでた血のしょっぱさを、いまも感じることができる。

中学にあがると、おおぜいの同級生に月経が始まった。わたしたちはそれを「厄」と呼んでいた。「厄」にあたった女生徒は、体育を見学してよかったし、労働の授業さえ休むことができた。多くの男生徒はそれに文句をつけ、「模範学生」を選ぶときにも、「甘え」だという意見が出された。そのとき、わたしも男生徒の側に立っていた。わたしは、女の子は頑張るべきであり、このような小事で特別扱いされるべきではないと思っていた。そのため「自分に『厄』がきてないもんだから、ご立派な話ばかり」と同級生から批判された。

わたしに初潮が訪れたのは、異常な日々のさなかだった。文化大革命が始まっていた。その日、父が紅衛兵に街を引き回された。胸に札をかけられ、高い帽子をかぶせられていた。わたしはいつもと同じように、道の両側をゆく群衆の中にこっそり混じって、遠くから父を見ていた。なぜか父は足を止めた。たちまち人々は父に向かって怒鳴り、押し、だれかが頭の上から大瓶の墨汁をそそぎかけた……。わたしの心に緊張が走り、駆け寄ろうとした。そのとき、下腹部に激痛が走り、熱いものがふとももをつたって流れ落ちた……。わたしは突然それが何を意味するかに気がつき、涙がしぜんに両頬をつたって流れた。ひととき、黒い墨汁と赤い血と無色の涙は混じりあって、わたしを娘としての屈辱と女としての屈辱の中にどっぷりと浸したかのようだった。そのときわたしは、自分が女に生まれたことを恨んだ。

それ以来、「性」の目覚めの中で、わたしは意識して男の真似をしはじめた。手に入るかぎりの偉人伝を読んで、男のように意志を鍛え、ラフメートフ〔チェルヌイシェフスキーの小説『何をなすべきか』に登場する革命家〕のように己を磨いた。強風の中でわざわざ風に向かって立ち、何時間もじっとしていた。猛暑に日光浴をし、厳寒に水泳をした。農村に労働に行ってからも同じだった。それまでほとんど労働を（家事さえも）したことがなかったのに、わざわざ男の人民公社員と同じ一番きつい肉体労働をした。藁束を積み上げたり、種蒔き器で麦を蒔いたりする労働は、村では数千年来「女性にはタブー」だったが、ほとんどのタブーがわたしの手で破られた。厳寒の雪道で一五〇斤〔七五キロ〕の水桶をかつぐ仕事では、数えきれないほど滑って転び、数えきれないほど坂道を桶ともども転がり落ちた。服はずぶぬれ、肩はたちまちすりむけたが、一滴の涙もこぼさなかった。

わたしは運命に挑戦し、性別に挑戦していたのだ。オーウェン・ストーンによる伝記『馬上の水夫』を読んでからは、ジャック・ロンドンのように独学で苦学を始めた。農村で朝から晩まで畑で働いたときも、労働者になって昼は働き夜は球技に打ち込んだときも、勉強はやり通した。毎日五、六時間の睡眠が、十数年間一日のごとく続いた。あの時代、男の同級生の中にも頑張りきれなかったものが少なくないが、わたしは頑張り通した。後に「老三届《ラオサンジエ》」〔文革開始期に高校生だった世代。紅衛兵の先鋒となった〕と呼ばれた世代の生え抜きたちと同じように、わたしたちは自分の肩で自分の運命を支え、崩壊に瀕したひとつの時代を支えたのだった。

一九七九年、わずか八年の学歴しかなかったのに、大学院の入試に合格した。このことは、われわれの社会では、一人の女がまったく男と同じように奮闘することができるし、奮闘さえすれば、男と同じ成果が得られることを証明している。社会生活はしだいに安定の軌道に乗りはじめた。わたしは災難の時代に女だからと優遇を受けなかったと同じように、この時代に勉強と仕事の中で耐え難い女性差別を受けることもなかった。大学院を修了すると大学の講師になり、そこでも多くの先輩男性講師をさしおいて助教授に破格の昇進をした。こういう社会階層に達すれば、性別による障害はますます減り、まったく性別を超越して純粋に客観的に学問にいそしむことができるように見える。しかし、まさにこの時になって、わたしはすべての情熱を学界では誰もかえりみなかった女性の上にそそぎ、ドンキホーテのように槍一本馬一匹で女性研究の道を歩き始めたのだった。

二

わたしを女性研究の道に駆りたてたのは、社会でもなく、文革の十年でもなく、職業でもなかった。それは女としての生活の道、いわばわたし自身の私事だった。

一九七五年にわたしは結婚した。——わたしはもともと絶対に結婚しないつもりだった。ところが恋に落ち、ほかの人間と喜んで生活を共にしたいと思うようになった。一九七七年、男の子を産んだ。——結婚した時はまだ子供がいらないといっていた。ところがまもなくわたしたちの愛の証として子供がほしいと強く願うようになった。まさにこの結婚と出産育児が、わたしの生活と精神世界をまったく変え、なにより大切にしていた人格の独立を妨げようとするとは、予想もしていなかった。まもなくわたしは、むつまじい家庭の中で、真に独立した人格を維持するのは至難のわざだということに気がついた。恋愛中の女は、自分の

「独立」を愛の祭壇に捧げたいとさえ思うものだ。子供の泣き声の中で、細々とした家事労働の中で、仕事への意志が日常生活を維持する本能にたえず譲歩させられるのを、わたしは痛みを込めて意識した。頑強な個性は生活を受け入れる柔軟性に頭を下げざるを得なかった——こうしてわたしは落とし穴に落ち込んだ。歴史的な女の落とし穴に。

結婚後、それまでと同じような意志、独立性、行動方式や価値基準を自分に求め、生活を点検してみると、あちこち障害だらけだった。夫と子供、家事と家族、これらすべてが障害だった。それらはわたしの精力と時間を占領し、気ままな独立行動を妨げた。しかし、それを放棄せよといわれても、わたしの心はぜったいに同意しなかった——わたしは代々の伝統的な女たちと同じように、愛に執着した。利己的な情愛と、無私の母性愛とに。これは運命、一人の典型的な東方の女の運命だった。放棄したくなければ、背負わなければならない。わたしが自覚的にこの運命を背負うことを決めたとき、私はまたしても新たな落とし穴に落ち込んだ。二重負担、二重役割、二重人格という現代女性の落とし穴に。わたしとわたしの世代の女たちは、みなこの深い穴の中でもがいている。突撃の叫びもなく、反抗もなく、誰に引きずり込まれたのでもなく、誰が呼びもどしてくれるわけでもない。すべてが自然なように見える——しかしまた、これらすべてはこんなにも不自然だ。ついにわたしは、二重役割は二重の基準をみちびき、諸刃の剣のように女を引き裂いて、家庭においても社会においても軽やかな真実の自我を見いだせなくすることに気がついた。わたしにはわからなかった。なぜ女だけが、女という性を受けたものだけが、これらすべてを背負わなければならないのだろうか。

この問いにだれも答えてくれなかった。なぜならば、問いに答える資格のあるのは男だけときまっているのに、かれらには女がわからない、とりわけ現在の女がわかっていないのだから。そして女はといえば、わたしたち自身はこのような疑念を心の奥深くにしまいこむか、つきないグチやうらみつらみとして浪費するだけだった。「男女平等」「女は天の半分を支える」[1]がたてまえの社会の中で、女だという馬脚をあらわすことをひたすら恐れていた。

わたしは、夜を徹してあんなに多くの本を読んだあげく、いちばん無知なのは「女」についてだと認めざるを得なかった。わたしは悩んだ。この悩みが逆にわたしをふるいたたせ、ほかのすべての仕事をなげうって、女の「根《ルーツ》」探しに方向転換させることになる。このときになって初めて、わたしの心の中で女が未知だったのと同じように、社会の中、歴史の中、学問の中でも、女は同じように巨大な未知(X)だということを発見し、驚いた。この未知はわたしたちの頭上にぶらさがり、わたしたちの行動をからかい、わたしたちの運命をもてあそび、軽やかとはいえないわたしたちの人生をさらに重苦しいものにしている。

わたしは知りたかった。女として生きるのはどうしてこんなに苦しく、屈辱的なのか?

男女平等の時代において、女はなぜ今もなお疲れはて、抑圧されているのか？　生活はわたしに男女の差異を正視することを教えてくれたが、その差異がなぜ今日まで延々と続く「男強女弱」の価値を定めることになったのか？　女と生まれたからには、女の運命を受け入れざるを得ない。それは、堂々とひるまず背筋を伸ばして女という性をもつ自分の存在と価値を正視すべきだということだ。その価値は社会の歴史の中で失われ、社会的価値の秤の上ではマイナスになっている――わたしはそれを取り戻したいと思った。学問のためでなく、自分を取り戻すために。女としての自信を取り戻してはじめて、女性研究者という立場で、人間に関するどんな学問にも取り組むことができるだろう。

わたしは女であり、女性研究を志しているからには、女性界と学界の支持が得られるものと思っていた。ところが予想とまるで逆に、主として女性界と学界から横槍を突きつけられることになった。

中国女性を代表する組織は中華全国婦女連合会（婦女連）である。それまでわたしは、婦女連の存在をまったく意識したことがなかった。女性研究を志したとき、わたしは婦女連には答が用意されているはずだ、少なくとも資料は用意されているはずだと考えた。わたしは全国婦女連に資料照会の手紙を出し、何人かの女性界の指導者に女性研究を呼びかける手紙を出した。一通、二通、三通……まるで大海に石を投げ込んだようだった。ところが、わたしの女性に関する第一論文が世に出たとき、女性界は騒然となった。わたしの耳に聞こえてくるのはほとんどが「批判的」な声だった。

中国においては、学術的な討論も政治的な色合い抜きではすまされない。とりわけちょっとした権力を持っている人々は、その権力で真理を書き変えようとする。幸い婦女連は社会的な実権を持っていない。また幸い社会の各界は相変わらず女性を軽視し、婦女連を軽視しているので、女性研究は権力の隙間に活路を見いだすことができた。それと同時に、この数年間に、婦女連自身に新しい血が導入されていたことも幸いだった。多くの若い教育ある女性が婦女連に入り、中間管理職や編集者になっていた。彼女たちは広く女性たちを助けることに熱心で、ただの女役人ではなかった。彼女たちはわたしのいい友人になり、わたしの仕事を組織・宣伝・経済・精神面で助けてくれた。

もうひとつの横槍は学界からはいった。女性界が敏感に反応したのとは逆に、学界は長い長い沈黙で答えた。沈黙によって女性と女性研究への軽視を表明したのである。とりわけ、改革の中で率先して革新を唱えた中堅・若手研究者たちは、大世界、大学問、大社会、大著作ばかりに関心を寄せ、無意識のうちに女性の声を封建時代の弱者の呻きだとかたづけていた。このような現象が同世代の男性におこったことは悲しいことだ。むかしの「五四」運動〔一九一九年、反日本帝国主義をきっかけに始まった革命的文化運動〕の時代を思い起こせば、先進的な男性思想家、魯迅、沈雁冰（茅盾）、陳独秀、李大釗などは、みんな女性解放問題について書いているではないか。ところが現在の改革中のエリートたちは、一人残らず学問上で女性と一線を画しているようにみえる。そういうわけだから、一九八六年にいたるまで、中国大陸において専門の女性研究機関は一つもなく、女性理論刊行物は一冊もなく、女性学専攻の学位とポストを置いた大学が一つもなかったのも自然のなりゆきだった。

学界の反対はしばしば科学の面をかぶっていたが、その面は二つの顔を持っていた。学術会議や女性に関する討論会に出るたびに、わたしはその両面の力を思い知らされた。

ひとつの顔は女性を持ち上げるかのように、女性の特別視に反対する。あなたは口を開けば女性も人だといってるじゃないか。それなら当然、女性に関する学問は伝統的な人文科学に含まれているわけで、女性を学問対象として抽象化する必要などないだろう。科学にもう一つの家をかまえる必要がどこにあるんだ？　ある文学シンポジウムの席上で、大きな影響力を持つある教授はこんな冗談を言いさえした。「文学は文学だ、便所じゃあるまいし、男女を分けることはないだろう」。彼は言外に、わたしが学界でいらぬ騒ぎを起こしているといいたかったようだ。

もうひとつの顔は、女性研究に対して寛容にみえる。あなたは女性が特殊だといったじゃないですか、それなら特別の扱いをすればすむことで、社会を騒がし、正常な科学の秩序を破壊する必要はないでしょう。北京のある学術サロンでわたしが女性研究に関する報告を終えると、国内の哲学界では少々名の知られた学者がすぐ質問した。「わたしはいわゆる女性研究なるものはわからない。しかし、わたしの知るかぎり、歴史上女の哲学者はほとんどいないし、多くの大哲学者は結婚しなかった。わたしには女性が哲学になんらかの影響を与えることができるとは思えない」。この詰問は、わたしの気の多さへの戒めにほかならない。

もちろん、このような困難と妨害は、大部分が過去のものになり、歴史になった。女性界では相変わらず特権を持った人が目を光らせているし、学界での軽視もいまなお広く及んでいるが、いずれも女性研究の発展の勢いを止めることはできない。今日、中国の女性研究はすでに初歩的な隊伍を整え、自分の陣地を持っている。一部の科目はすでに大学の演壇に登って、女性知識層から大歓迎を受け、見識のある男性研究者からも好意的に見られている。政治情勢の変化や経済の好調不調にかかわらず、すでに一群の研究者はこの土地、この領域に執着して、女性の歴史と現状を探り、中華女性の謎を究めようとしている。

三

農村に働きにいった知識青年、バスケットボール団員、平凡な機械組立工だったわたしが、外国文学の大学院生になったとき、何人もの記者が取材に訪れ、独学でひとかどの人物になった女性の経歴について書きたいといった。わたしはまるで疫病神から逃れるように逃げだした。わたしは関係ない人に私生活に介入されたくなかったし、そのことによって大衆の生活によけいな介入をし、「スター」のたぐいになりたくもなかった。同時にまたマスコミに「独学でひとかどの人物になった」ときめつけられたくなかった。なぜならわたしの勉強と仕事は、むしろ内心の圧力によるもので、「人物になる」ためではなかったのだから。

人は個人の興味に従って、あるいは生存の圧力に迫られて生活や仕事を選択することだろう。わたしが人生を選択するときは、衣食住の必要を考慮に入れないわけにはいかないが、精神的な生存の圧力は、主として「未知」からやってくる。未知は精神の自由を制約する。この圧力がわたし自身の興味を呼びおこし、わたしを未知の誘惑にまどわせる。

わたしにとって、女性研究は、生活の出発点でもなければ、わたしの道の到達点でもない。このような世紀の転換点に生きて、頭上には無数の未知がぶら下がっている。それは奴隷精神の枷であり、また探索者をさらなる開拓に向けて誘う餌でもある。わたしはさらなる開拓を続けたい。わたしを惑わせ、同国人を惑わせ、同時代の人々を惑わせているひとつひとつの謎——たとえばわたしが暮らしているこの土地、この国、これらの人民、われわれが身を置くこの制度、この世界——を解明すべく立ち向かいたいとジリジリしている。しかし、女性研究に踏みこんでからというものは、ここから足が抜けなくなった。本来のわたしの興味、開拓を続けたいと焦っている理論研究は、単なる私事になってしまったかのように、暇を盗んでやるしかない。わたしはまるで見えない縄に引かれているように、女性研究の領域で仕事を続けずにはいられない。

これは一種の責任だ。多くの西方の人には荒唐無稽な責任だと映ることだろう。中国のことわざでは、「始めがいちばん難しい」という。「始める」ことは責任であり、あらゆる「始める人」はうまく道をひらき、途中でやめてはいけないのだ。このごろますます感じるのは、わたしが女性研究の分野を開拓し、その建設者になったとき、目には見えないがその一構成分子、ひとつの土台石になったということだ。わたしは土台石としての責任に背くことができない。

歩いてきた道をふりかえると、開拓の汗にまみれている。この古い古い大地に、女性研究がすでに土を破って芽を出したことを、わたしたちは喜びとともに目にとめる。

――一九八三年、わたしの「人類の進歩と女性解放」が発表された。これは一九四九年の解放以来、大陸で公に発表された最初の女性学術論文であり、女性界に騒ぎを巻き起こした。ある人はそれを否定し、「反マルクス主義」のレッテルを貼ろうとした。しかし、ほかでもないこの論文が、後に女性研究の中堅学術勢力となる人々を引きつけたのだ。

――一九八四年、わたしは社会調査を基礎として「中国女性解放の道とその特徴」という文を書き、中国の女性解放は主として社会革命の結果であって女権《フェミニズム》運動の結果ではなく、「立法先行」の性格を持っていることを提示した。この観点は、のちに「新」「旧」両勢力の理論上の分水嶺となった。この見解は「お姉さまがた」の激しい反対を引きおこし、異端となった。同時に、多くの善意の友人を引きつけ、とりわけ女性知識層の自覚的な参加をもたらした。

——一九八五年は、組織作りと専門分野確立をめざして試行をおこない、第一段階の成功をかちとった年だった。この年の春、わたしたちは河南省未来学会の名を借りてその下に「女性学会」を成立させた。これは解放以来大陸中国では最初の民間の女性研究団体だった。同年三月、この学会は鄭州で最初の「女性研究座談会」を召集した。全国の八つの省と市から、専門分野の異なる十余人が出席した。その大部分は文化大革命終了後再開された大学院の第一期か第二期を修了した若手女性研究者だった。

同年五月と六月、河南省婦女幹部学校の王麗環《ワンリホワン》校長から全面的な支援を受けて、この学校に第一回の「女子家政クラス」を開講し、初めて公開の「女性の自己認識」教育をおこなった。これもまた蜂の巣をつついたような騒ぎとなり、一部の人から敵視と攻撃を受けたが、広範な女性からは支持と信頼を得ることになった。北京師範大学で歴史を学んだ梁軍《リャンジュン》女史は、これによって女性研究と女性教育に転向し、ラジオやテレビで講座を企画し、全国で十いくつの省と市を訪れて千にものぼる講演をし、中国女性を目覚めさせるため力の限りを尽くして各界の女性に深い感動を与えた。

同年九月、わたしは鄭州大学中国文学科で「女性文学」という選択科目を開講した。これは、解放後女性学の専門科目が大学の講壇に上った最初の例だった。これについて、わたしは鄭州大学中国文学科の学術委員会と八二年入学クラス全体に心から感謝している。かれらはわたしと共に、このパイオニアとしての探索を成功させたのだ。

――一九八六年、わたしは『中国婦女』誌上に大陸で初めて女性学専門分野確立の理論枠組を提起した。それ以後、多くの異なる意見がしばしば聞かれるようになった。「女性学」という提案そのものに全く反対の人もいれば、異なる枠組を提案する人もいた。異なる意見があるのは正常なことであり、いいことでもある。わたしの見方では、これは少なくとも人々の女性問題に対する科学的思考を引き出したし、同時に、わたしが編集責任者になるつもりだった「婦女研究叢書」のテーマ選択の基礎となった。

――一九八七年、わたしは鄭州大学に女性研究センターの創設を申請し、許可を受けた。中国の高等教育機関に、ついに女性研究の専門機構ができたのだ。数年来、このセンターは全国何十にもわたる大学や研究所の研究勢力を結集し、中国女性研究の基地となってきた。同年七月、センターは河南の『婦女生活』雑誌社の全面的支援と経済援助を受けて、「女性学専門分野創設座談会」を召集した。それ以来、中国女性研究の専門分野化は軌道に乗り始めた。

——一九八八年、第一期の「婦女研究叢書」が出版された。これはわが国最初の女性を専門研究の対象とした大規模な学術叢書であり、全部で二〇～二五冊、人文科学の十余の専門分野にわたっている。この「叢書」は中国に立脚して東方と西方を見渡し、女性と男性を比較研究し、中国女性学専門分野の確立にしっかりと土台を築いた。

——一九八九年、米国のソロス氏が資金を出した「中国改革開放財団」の援助によって、わたしたちは「知識婦女」シリーズを出版しようとしている。中国の女性知識層は中国女性の進歩的勢力の代表であり、堂々と胸を張って行動し、広範な女性を団結させて女性解放運動の中核になるべきだ。「知識婦女」シリーズは中国女性知識層の思想の陣地となるだろう。

これがわたしと仲間たちが数年来いっしょに歩いてきた道である。今日まで歩いてきたとはいえ、いまなお開拓中であり、始まったばかりである。ただひとつの慰めは、中国大陸においで女性研究はついに「無から有へ」の境界を踏み越えたということだ。

これから先は？　これからの仕事はいままでの仕事の基礎の上に展開されるだろう。あるいは、これからの道は第一歩ほど困難ではなく、あんなに多くのいわれのない圧力や誹謗はもう襲ってこないかもしれない。しかし楽観はできない。わたしの考えでは、中国の女性研究は今後しばらくは専門分野の開拓と理論的模索の域を出ないだろう。より多くの研究者（特に女性研究者）が女性研究に従事するようになるだろうが、社会と女性界の特に熱心な反応は期待できない。その主な原因は、第一に政治の風向きによって影響を受けること、第二に経済的に困難なことだ。中国社会が政治と経済の苦境を抜け出すことができないかぎり、中国女性と女性研究は発展するための十分な空気と土壌が得られない。

わたしたちはいまこのような困難の中にいる。

しかし、踏み出した足はここで止めるわけにはいかない。創始した事業は歴史から消え去ることはない。歩いてきた道をふりかえってしみじみ感じるのは、中国女性の進歩と発展は、社会・政治・経済の助けもさることながら、実際にはなによりもわたしたち自身の発展への願いとたゆまぬ努力によってもたらされたということだ。順境にあろうと逆境にあろうと、この土地の上に息づく人々は常に存在する。わたしはそんな女たちと運命を共にし困難を分かちあおう。自由を求める途上で、彼女たちにはわたしが必要だし、わたしにも彼女たちが必要だ。心と心のひそかな契りがあればこそ、貧しい土地にも奇跡の花が開く。

（1）文化大革命中、「女は天の半分を支える」、「男の同志にできることは女の同志にもできる」などのスローガンが唱えられ、女性たちは男性と同じ過酷な労働に挑戦した。

第一章　根なしの耐え難さ

わたしのルーツ探しは、文化大革命後の新時期におこった「根《ルーツ》さがし文学」よりずっと昔に始まった。槍一本馬一匹、宣言もせず、雄叫びもあげない。不幸にも女と生まれたことで、もともとわが身を恥じているのだから、たまたま女のルーツ探しにとりつかれても、大声を張り上げる勇気はもとよりない。映画「地下道戦」に出てくる日本軍人山本の名言を引用しよう。

「こっそり村へ忍びこめ、発砲するな！」

わたしにとって女のルーツ探しは、こんなふうにこっそりと始まった。発砲しないから、敵はいくらもいない。戦場もなく、前線もないから、盟友もいなければ後援もない。まったく無一物のようで、逆に沈黙のうちに全世界を占領することもできる。

心の動作にはもともと宣言は必要ない。そのとき、真の苦しみは、寂しさではなくて、根なしの耐え難さだった。

根なしも根さがしも、どちらも苦しい。比べてみて初めて、どちらがより苦しいかがわかる。

まず強烈に感じたのは、根なしの苦痛だった。わたしは、「天の半分を支える」女たちの大多数が、わたしと同じように根なしの苦痛にさいなまれたことがあると信じている。もしも浮草のように漂っているだけならば、それも風流といえるけれど、もしも大樹に育ちたければ、根なしはすなわち「死」を意味する。

まだ苦痛を知らなかった子供のころ、わたしはひたすら知識と快楽を求めた。知識と快楽のほとんどは「男の子のような」行為によって得られたので、わたしは「男役」と称された。わたしはそれを楽しんだし、誇りにすら思った。――このような倒錯した性別アイデンティティの中に、じつはすでに根なしの苦痛が埋まっていることをわたしは知らなかった。

子供時代に「男役」を演じるのは難しいことではない。つらいのは、女になった身を偽ることだ！　偽りの演技も楽じゃない。青春期、恋愛中、夫の前で、「男役」を演じつづけられるだろうか？

やむを得ず女を演じるのは、さらに耐え難い。心身の傷跡は、ローマの古戦場の残塁のように、数百年、数千年と残されてゆく。だれも省みることなく、だれも弔うことなく、訴えるすべのない生命の中に封じ込められて、死んではまた甦る。

古今中外、何人の傑出した女性が「男役」式の子供時代を送ったことだろう。人々は成功者の姓名を読みあげ、成功の図式をなぞる。男のようになること――男になること！　失敗者の名簿を点検しようというものがいるだろうか、あるいは成功者が失ったものを？　そこにもまた万金に値する数多の激戦があったのに！　さらに、このような図式によって鋳型にはめられた心が、奴隷の烙印にも似た根なしの原記憶となって、傑出した女性一人一人の心の奥底にさえ刻み込まれていることを、追求しようとした人はいない。

「男役」の経歴の中から、女は強さを身につける。ところが恋愛になると、自分よりさらに強い「白馬の王子」を探し求める。仕事の上では、男よりもっと自己を尊び、自己を大切にすることを学ぶ。ところが事業でも文筆でも学問でも、男性同業者に肯定され、彼らと一体化することをひたすら願う。苦しいと叫ぶものはひとりもいない。それはうめき声を押し殺された苦しみだから。女は男性の価値基準を使って、自分の心の声を無視して人生を測ることはできる。ひとつの功名によって、根もなく路もない女の耐え難さと苦痛とを抹殺することはできる。

どこまで遠く行けるだろう？　予測するすべはないし、想ってみる必要すらない。根のない者は帰るべき所も得難いのだから。根のない女は、男性中心の社会の中で、永久に飾りであり付け足しである。功名は社会のものであり、あてどなくさまよう、怨恨にみちた魂だけが自分のものだ。


人はいつも言う、愛は精神の故郷だと。

女は愛だと。

けれど、女の精神の故郷はどこにある？

わたしのルーツさがしは、女の精神の故郷さがしなのだ。


「男役」の経歴のうえに、文化大革命の十年を経て、すべてを疑う勇気を持った。ただ、歴史だけは疑わなかったし、科学を疑う勇気はなかった。

わたしを震えあがらせたのは、歴史と科学が女を裏切ったことだ！　不公正な社会においては、歴史と科学はまさに不公正な裁判官なのだ。それは女に欠席という判決を下した！

公正をどこに求めればいいのだろう。

もしここで公正を探し求める道を歩みだしていたら、わたしは過激な女権主義者《フェミニスト》になっていたにちがいない。もしわたしが十年若くて、未婚で子供がいなかったら、女の歴史と同じくらい長い人生体験がなかったら、わたしは過激なフェミニストになっていただろう。前途に福があろうと災いがあろうと、公正を求める道を突き進んだことだろう。

わたしは女権主義者《フェミニスト》ではない。

わたしにとって、生の耐え難さは、無権利による卑小さではなくて、根のないことからくる戸惑いなのだ。

しょせんわたしは、既成の歴史によって造られた「歴史の娘」にすぎない。歴史はわたしに告げる、公正は歴史を前進させる力ではなかった――それが女性を進歩させる力になるだろうか？　またこうも告げる、「存在するものはすべて合理的だ」、いかに不公正な存在も必ず鉄の規律のような合理的要素を持っているのだと。まさにこのような既成の歴史の面前で、わたしは答えを探し求める。いったいどんな原因が、このような「不公正」を「合理的存在」にしたのだろう？

こんなにも広大な歴史と堂々たる科学の前では、女、一人の女は、あまりに卑しく、あまりに小さく、あまりに身のほど知らずだ――歴史と科学に向かって挑戦するなどという大それたことをしようというのか?!

わたしは挑戦する!

なぜならわたしは、この挑戦がいかに身のほど知らずであろうとも、それによって自分がさらに卑しく、さらに小さくなることはあり得ないとよく知っているからだ。

わたしが自覚的に女性という性別身分《ジェンダー》と同一化して、女を飲み込んでしまった歴史の大河に足を踏み入れる決意をし、勇気をあらたにして神聖な科学の殿堂に対決したとき、わたしは自分の胸の中に、巨人の心が育ちつつあることを感じた。

自己を正視する勇気、歴史を正視する勇気、性別の差異を正視する勇気をもった女性はだれもみな、このような心を手に入れることができるとわたしは思う。

歴史よりさらに大きく、科学よりさらに公正な心を。

——このとほうもなく大きい巨人の心がなかったら、わたしはルーツ探しの苦難の途上で、一万回も引き返したことだろう。

第二章　心の故郷を求めて

わたしは歴史の見直しから始めた。

わたしは知っている、女子学生の大多数は歴史の授業が好きではないし、成人女性の絶対多数は昔を語り今を論じる習慣を持たないことを。女が歴史を好まないのは、もっともなことだ。歴史の中で誉めたたえられるような英雄的な女の業績がいったいどれだけあるものやら、女を埋没させてしまった歴史の中からどうやって自分を探し出したらいいのやらわからないのだから。

歴史書の中で、博物館の中で、人々の観念の中で、女の歴史は人為的に切断されてしまったかのようにみえる。

わたしの目には、二つの歴史がうつる。わたしはそれに、別々の態度で対峙する。

一つは史学、男が書いた歴史だ。かつてそれはわたしの導き手だった。わたしはそれを尊敬し、批判し、それを超えようとする。

もう一つは史実、男女が共存する歴史である。わたしはそれを畏敬する。それはわたしの神だ。目に見えないが、一瞬一刻として存在を感じないではいられない。それは生活の中に潜り込み、思考の糸口を引きだし、あの男が文字で書いた歴史を慎重に読み込んでゆくのを助けてくれる。

後者の意味での女の歴史はまるで井戸に似て、一目で底までのぞくことができる。歴史に向かって引かれる糸の一本ずつが、アリアドネ〔ギリシャ神話の工匠。迷宮に住む怪物を退治に行く王子に道しるべの糸を授けた〕の五色の糸にも似て、現実生活の中の一つ一つの疑念を引きずり、歴史学を押しのけてまっすぐ自分の神に向かってゆく――そこに殿堂はなく、ただかつて躍動し、いまも躍動している生命が存在するだけだ。

疑念とは、とまどいでもある。それは暗雲のように心を圧迫し、わたしたちは腰を伸ばすこともできない。知恵の光が女に当たらなくなってから、どれだけの月日がたったことだろう。そのため今にいたるまで真に生活を見通すことができず、代々引き継がれ歳月をへて堆積された謎を見通すことができないでいる。

俗に「女は謎」だといわれるのは、こういうわけなのだ。

さらにどれだけの謎があることだろう?

ただ目を大きく見開いて、生活を眺め、生活の中で見慣れすぎて見落としているもの、慣れっこになってはいても気に沿わないことを、とことん見極めさえすればいいのだ。

――なぜ天下を取った男たちは、栄誉と世界とを勝ちとり、それによってこの上なく高貴な世界の主人になったのか。なぜ生命を守り伝える女たちは家庭に囚われ、家庭の奴隷、男の奴隷となり、この上なく卑しいものになったのか。誰が分業において奴役を作りだしたのか。誰が性別に貴賎を配分したのか。――それらの疑念はわたしたちに歴史を遡らせる。

――なぜ存在するかぎりの文明社会はすべて同じ（男は外、女は内）パターンで今日まで続いてきたのだろう。なぜ男尊女卑の観念は地域を超え、時代を超え、民族を超え、東西の文化を超え、皮膚の色が黄色い白い黒いにかかわらず、人々の文明において一つの例外もないのだろう。まさかそれが文明の礎石であり、人類の進化を託す福音と災厄ではあるまいに。

――それはわたしたちを、文明の起源まで遡らせる。

――なぜ美の神を創造し芸術を創造する男は美を創作する活動の中で昇華することができ、凡俗の自己を超越することができるのだろう。なぜ女は鑑賞され形作られて美となるのに、逆に審美活動の中では完全に自己を喪失するのだろう。まさか美の本質の中に、もともと人間性の剥奪、奴役、僭越が隠されているのではあるまいに。――そのことはわたしたちを、美の源に遡らせる。

そのうえ、さらに解放にまつわる多くのとまどいがある。それは半世紀以来、中国女性の心にまとわりついて離れない疑念である。

――なぜ男の子は物心ついたときにはもう誇らしげに「男」の身分と自己同一化することができるのか。なぜ女の子は人になるとき、まず男のまねから始めなければならなかったのか。――もしも「男女平等」がすでに実現していたのなら、どうしてこうしなければならなかったのだろう。

――なぜ大革命の時代も文革の十年も、「四旧」[1]を打倒する暴力はまず女の髪型や、女の服装や、女の風情や、女の体験や、ひいては女の生理的特性までを、最初に槍玉に挙げなければならなかったのか。なぜわたしたちは心から望み先を争って男名前を名乗り、男の服装をし、男の髪型をしたのか。もしも「男女平等」がすでに実現しているのなら、なぜそうしなければならなかったのだろう。

――もしも男女平等がすでに実現しているのなら、女はなぜいまなお嫁入りしなければならないのか。女が男の家に行かなければならず、子を、しかも男の子を産まねばならないのか。子を産んだ有職女性が家事を担わなければならないのか――牛のように重荷を負った人生が、まさか解放なのではないだろう。

――これが解放だというのなら、この十年、文革が終って新しい潮流が生まれたのに、娘たちはなぜ逆に伝統に戻ろうとするのだろう。なぜ改革開放はこんなにも多くの新たな女のとまどいを生み出すことになったのか。(2)――もし「解放」が剥奪できるものだとしたら（それを下賜することができるのと同様に）、「女性解放」を維持するための保証書は結局誰の手中にあるのだろう。もしも女性が自分の運命を左右することができないのならば、われわれの「女性解放」には、結局どんな性質、どんな意義があるのだろう。

……………

これらのすべて、これらすべての疑念は、生活の中の切実な痛みから生じたもので、われわれを「女性解放」の源に遡らせる。

わたしたちの世代の女性は、美もなく愛情の表現もできない青春を送った。わたしたちは解放を求める道の途上で性別を失い、ついには自己を失ってしまった。だからわたしたちには権利がある。ボロボロにされた青春の名にかけて、失われた女の名にかけて、歴史を、文明を、生活を、ひいては自分自身を糾弾する権利が。

もしも女の立場からでなかったら、誰がこのような詰問をするだろう。女の理性が目覚めたのでなかったら、科学がかくも不完全だということを誰が発見しただろう。もしも中国女性の切実な体験がなかったら、誰が「平等」と「解放」の中にあって、伝統と文化に向かって遡ることを思いついただろうか。

ただ心の扉を開いて、自由の青空に向かって羽ばたけばいい。疑念ととまどいがあれば、どこへなりとも足を運び、根を探し、源を遡るのだ。疑念は奴役であり、精神を奴隷にする暴君だ。それは少しずつ精神の故郷をむしばみ、最後にはむさぼりつくす。男は世界を占拠する過程で故郷から遠く離れてしまった。男は女を探し求めることで、失った心の故郷を探し求める。それでは女はどうすればいいのか。

女は勇敢に自分に向かい合わなければならない。失った自分を、すなわち女の精神の故郷を取り戻すのだ。

（1）文化大革命の時期、旧い思想・文化・風俗・習慣の「四旧」が打倒の対象とされ、スカートやパーマといった女性の服装からクラシック音楽やペットの飼育に至るまでその範疇に入れられた。紅衛兵世代の若い女性は、断髪に軍服姿を好み、女らしい名前を嫌って「武」「軍」といった勇ましい名に改名した。

（2）文化大革命は一九七六年の毛沢東の死によって終息し、七九年からは「経済改革・対外開放」の新政策が打ち出され、市場経済化の大波が押し寄せた。その中で、これまでの建前だった職場や社会での男女平等が崩れ、伝統的な女性美の基準や性の商品化が復活する現象が見られるようになった。（秋山洋子編訳『中国女性――家・仕事・性』東方書店、一九九一年参照）

第三章　あなたはどこから来たの…

ここ数年来、いちばん多くされる質問は「どうして女性研究を始めたのですか」というものだ。

記者の取材、学術討論、さらに無数の未知の友人たちからの手紙には、かならずこの質問がついてまわる。まるで影のように。

これはわたしが最も多く答えた質問だともいうべきだろう。それなのになぜか、口を開くたびに、いつも言葉に詰まってしまう。しばらく思案したあげく、結局こう答えてしまうようだ。

「わたしが女だからかもしれない」

こんな答えでは意味をなさないことはわかっている。なぜなら質問した人はほとんどが女なのだから。

女はたくさんたくさんいる。なのにわが国では、女性研究に従事する人はまったく少なすぎる。数少ないからいぶかられる。わたし自身でさえ、ときには奇妙に思う。子供のころのわたしは、「女」と一線を画す決心をしたのではなかったか。なぜいまさらとんだ迷い道に入りこみ、女の研究など始めてしまったのだろう。

この質問に答えるために、わたしは真剣にたくさんの文字を書きしるした。わずらわしさを厭わずに、女性研究が女性にとって、人類にとって、歴史の解明にとって、文化の再建にとって、ひいてはわたし自身にとって、どんなにはっきりした利害関係を持っているかを、くどくどと飽きもせず述べたてた。わたしはとりわけ理性的論述を重視し、つとめて歴史や、科学や、現実社会の問題など異なった視点から、女性研究をしなければならない理由、ひいては女性研究の深い意義を論証しようとした。

いかなる理論も、わたしにとって、灰色だったことはない。生でも死でも、憎悪でも熱愛でも、わたしはそれらに対して強い感情を抱いている。

わたしは理性をとことん愛しており、理性が生活や感情と相反すると思ったことはない。

わたしは、ニーチェの哲学は男だけの哲学で、女が好むことはあり得ないと考えている。それは単に彼が「女に会うときは鞭をもて」と主張したからだけでなく、彼が哲学に仮託して人間性の放縦を論証しようとしたから、反理性を反人間性のわめき声で満たしたからだ。

わたしは、理性は人間性を尊重し、人間性を擁護するものだと思う。理性は生活を御す手綱であり、生活を照らす灯台である。理性はわたしの生活を照らし、わたしと同じように真理を求める女を照らしてくれると考える。そのためわたしはわずらわしさを厭わずに、なぜ女性を研究しなければならないかを論じ、ここで答えてしまえば後が楽になると、この影のようにつきまとう質問に答えようとした。

けれども、この質問は相変わらず投げかけられ、しばしば憶測や流言をともなって、またもや対応せざるを得なくなった。それが今まで続いている。そこでわたしは考えた。もう理論はやめよう、重大な意義について述べるのもよそう。ただ実際に応じて、具体的な質問にだけ答えよう。

これは回答というよりも、事情をはっきりさせるというまでのことだ。

最初の流言は女性界〔婦女連を指す〕からやってきた。女性界の人が女性研究に難癖をつけるとは、そもそもなんとも妙なことだ。あるいは単に、大同団結している女性の領土に部外者がちょっかいを出したためだったのかもしれない。警戒心を込めた一陣の風声が次から次へと伝わっていった。「李小江はアメリカ留学から帰るやいなや、中国で女権運動をやろうとしている」と。

これはもう何年も昔のことだ。ここに書き留めておくのは、いちおう歴史として残すためにすぎない。残念ながら、わたしはこの文章の筆をとっている現在まで、アメリカに行ったこともなければ、中国本土を離れたこともない。〔李小江はこの後一九九三年ハーバード大学で開催されたシンポジウムに招かれて、初めてアメリカを訪問した。〕

わたしの学歴はとても短く、自分が専門職に就いているのが恥ずかしいほどだ。中学二年までの八年の学歴以外には、大学院で三年学んだだけだ。河南大学で勉強したのは西欧文学だった。中国と外国の文学に登場する幅広く多彩な女性群像がわたしを引きつけ、わたしの共感と共鳴を呼び起こし、わたしの想像をかきたてて、わたしを時代を超えた多民族の女の世界に誘いこんだ。この世界は現実と一つに溶けあい、広々とはてしなく、底抜けにおおらかな女性文化の雰囲気を作りあげている——わたしはこの濃密な文学的雰囲気の中から女性研究に向けて歩み始めた。

お世辞ともとれる噂が、学界から聞こえてきた。わたしのことを目端が利くと誉める人がよくいるという。多士済済、課題が重積している学問領域で、なんとこのように大きな処女地を発見し、ついには新しい学術分野まで創設してしまったのだから、「学問の前途は洋々だ」と。

ある女子大学院生が、うやうやしくわたしに尋ねたことがある。

「どなたが中国の女性学の第一人者ですか」

「知らないわ」

「みんなはあなただって言ってますよ、あなたは中国のボーヴォワールだって」

わたしの答えは沈黙だったのを覚えている。胸がつかえて落ち着かなかった。こんな態度は礼にかなっていないけれど、もし口を開けばもっと失礼なことになりかねない。

ここではっきりさせておきたいが、わたしはもともといかなる学術分野の創設をも意図したことはない。それに、いかなる学術分野も、人為的に創設できるものではない。「洋々」たる学問の前途のためならば、わたしは女性など絶対に選ばなかっただろう。伝統的学術のテーマとしては、女性の位置づけはあまりにも低いことを、学界にいる人なら身にしみてわかっている。わたしを動かす力は現実生活から来ている。わたしはただ一人の女としての生活に対する真剣な思考から、女性研究に向かって歩みだしたのだ。

中国女性学は一人が創造した奇跡ではなく、近代以来の幾世代もの女性の生活、体験、思考の必然の結果だ。中国においては、広範な女性の共鳴と呼応がないかぎり、一人の人間

（彼女がいかに賢くても）の働きや、一冊の書物（それがいかに深遠でも）の影響は、まったく取るに足らないものだ。

この黄色い大地の娘であるわたしには、ひとつのささやかな望みがある。それは、この大地の上に生命を投げだし、一粒の種を蒔くことによって、レンゲが繁殖するように千本万本の色とりどりの花を咲かせ、その鮮やかな彩りの中に姿を消す――わたしはこんなささやかな望みを抱いて、女性研究に向かったのだ。

わたしはシモーヌ・ド・ボーヴォワールではない。なぜならひとりの母親だから。わたしは母親にならないで母性をおとしめるいかなる言論も容認できない。わたしは恋人を持ったことがあり、自我を探し求めた経歴がある。しかしわたしは結局、わたしの精神上の恋人は生命と母性を象徴する大自然だけであり、いかに傑出していようと男ではないことを発見した。わたしはひとりの普通の中国の母としての生涯から、中国女性研究に向かっていったのだ。

さらにもうひとつ、わたしが「上のお姉さま」「二番目のお姉さま」と奉らなければならない先輩から出た流言がある。「李小江はフェミニズムの本を何冊か読み、ブルジョア自由化の影響を受けて、西方のものを中国に持ち込もうとしている」

この流言は、一時は実際の政治的圧力となった。わたしは、この噂を伝えた人々が、わたしと中国女性の間に人為的な垣根を設けようとしたことを知っている。

残念ながら、時すでに遅かった。

ここでわたしがはっきりさせたいのは、そんな事実があったということだけだ。その事実が示すのは、中国と西方の文化交流においていつも出てくる問題は、他の領域と同じように、女性研究にも存在するということだ。

わたしはかつて、多くの西方フェミニズムの著書と文章をひもとき、精読し、翻訳を組織しさえした。しかしそれは、わたしが一九八四年に女に向かう道にあてもなく足を踏み入れてから何年か後のことだ。

あてもなく足を踏み出した重要な原因の一つは、当時は関連する外国語の資料を目にするのが非常に難しかったことだ。国の門は閉ざされており、思いを遠く馳せることさえも難しかった。そのころわたしが西方の本を読むためには、まるで朝貢に赴くように、年に何度か北京へ行かねばならなかった。北京図書館に何日か腰を据えて、二冊だけあったフェミニズム理論の刊行物(『サインズ』と『女性学国際フォーラム』)に目を通し、書き写し、コピーした。あのときの皮膚にゾクゾクと震えが走り、口の中がカラカラになるような気分を思い浮かべると、いまでも目がくらみ、頭に血がのぼってくる。

『第二の性』〔ボーヴォワール著、一九四九年〕を最初に見たのは一九八五年で、中国に来ていたある留学生がわたしの友人にくれ、友人が留学に際してわたしにくれたものだった。『女性の神秘』〔フリーダン著、一九六三年〕を最初に手にしたのも一九八五年のことで、ある友人が友人に頼んで英国から買って来てもらったのだ。わたしは西方の女性研究者たちが、わたしたちの前にこんなにたくさんの仕事を成し遂げたことに十分敬意を表している。しかし、彼女たちから受けたさらに大きい恩恵は、観点そのものよりも、彼女たちが女に直面し、女を分析し、女を研究した勇気だった。とりわけ故郷を遠く離れて中国を訪れて実地に考察し、真剣に中国女性の運命に関心を寄せた女性研究者たちの誠実さと熱意はわたしを感動させた。彼女たちの観点がどうであろうと、わたしは無条件で永遠の友とみなしている。

しかし、わたしが女性研究に従事するようになった理論的出発点は、西方フェミニズムの古典的理論ではなく、マルクス主義の古典の中の女性・婚姻・家庭に関するすべての論述だったことを、はっきり言っておく必要がある。わたしのもっとも早い時期の文章は、西方フェミニズムの言論とはまったく関係ない——わたしは非常に単純にマルクス主義女性解放理論の中から歩き出したといっていい。

この事実をはっきりさせるのは、どちらが正しいと断定したり、なにかを洗い落としたり、だれかと一線を画するためではない。そうではなくて、わたしはただ、女性研究が中国で第一歩を踏み出したときは、いまの人が想像するような状況ではなかったことをはっきりさせたいのだ。こんなに多くの外来の情報はなかったし、広々とした世界で東西の文化を比較できる状況も存在しなかった。

わたしはあのころ孤立し無知だった。いま思えば本当に残念だ。

何年か後になって知ったことだが、一九八五年に、大陸、台湾、香港の三つの華人社会で、はからずもそれぞれに女性研究組織が誕生した。「鶏犬の声相聞す、老死相往来せず」〔名は聞いても交流がない＝老子〕。同じ華人でありながら、なんと異なった境遇から歩みだし、なんと異なった世界に向かいあっていることだろう。

隔絶と封鎖の中で、わたしは自分が置かれている社会とこの社会の意識形態に向かいあい、自分および自分と同じ運命に置かれている中国の女に向かいあうほかに選択の余地はなかった。このようにして、わたしはただひとりの普通の中国の女の生活から、わき目もふらずに中国土着の女性研究に向かって歩き出したのだ。

そのとき、わたし自身も知らなかった。どこから来たのか、どこへ行くのか。

生活はただ告げるだけだ、こうしなければならないと。永遠にはっきり教えてはもらえない、先に何があるのかは。

第四章　マルクス主義の「帽子」

『イヴの探索』〔一九八八年、婦女研究叢書の一冊として出版された李小江による最初の女性論〕を出版した後、ある男性研究者が書評の手紙をよこした。彼の評価にわたしは感謝した。彼はこういった。

「この本には多くの真理と卓見とが含まれており、誰も言わなかったことを果敢に述べている。もしもマルクス主義への言及がもっと少なければ、後世に残る書物になったのではなかろうか」

じつをいえば、それ以前にも、少なからぬ友達から批判を受けていた。とりわけ若い女友達と海外にいる女子留学生は、歯に衣を着せずにいった。

「女は女よ、何でマルクスをひっぱりだすの?」

「女性学は科学だというなら、なるべく主義には触れないことね」

かなり親しい友人のひとりは、善意から忠告してくれた。

「みんなはもうマルクス主義にウンザリなのよ。いまさら持ち出す人がどこにいる? たとえあなたがマルクスという帽子をかぶろうと、あのマルクス主義婆さんたちはやっぱりあなたを批判するでしょう」

これはもっともな説だった。わたしがどんな帽子をかぶろうと、マルクス主義の正統を任じている「お姉様がた」がわたしを批判し悩まし続けるだろうことは、わたし自身にもわかっていた。その反面、わたしが正面から受けた批判の中でもっとも多かったのは、まさにわたしが女性学にマルクス主義という帽子をかぶせたということだった。

わたしはまるでふいごの中のネズミのように、右にも左にも行きようがなかった。

批判をとがめることはできない。

わたしの女性に関する第一論文は『マルクス主義研究』叢刊に発表された。ひきつづき「マルクス主義女性理論研究の出発点と要点」、「マルクス主義女性学の体系枠組」を書いた。

それは一九八三、一九八六年のことで、まさに国が大きく門戸を開き、西方の学問がドッと流入したときだった。

わたしの時流とのズレは、二つの面に現れていた。第一に、中国と西方の文化交流の最高潮期に外国文学から女性研究に転じたこと。第二に、すでに雪解けになった政治環境の中で、凍土の一片であるマルクス主義に固執したことだ。

このような批判は何年も続いたが、わたしは弁解したこともなく、かといって宗旨変えもしなかった。マルクスの人気が落ちたときにマルクス主義という帽子をかぶることは、少なくともいくつかの問題をはっきりさせるとわたしは思った。この選択が政治的圧力に迫られたその場しのぎではないとわかるし、政治的ゴマすりの嫌疑も受けなくてすむ。

わたしが中国女性学にマルクス主義の帽子をかぶせたのは、中国の国情に正面から向き合ったためにすぎない。これを「四海に及ぼす」ことはむろんできないが、中国女性にとっては避けることのできない理論上の現実なのだ。

中国の女性解放は、ある特定の歴史の型、ある特定の意識形態の産物である。自分の歩んだ歴史を無視して現代フェミニズムの大潮流に一方的に合流することはできないし、勢いよく発展している西方女性研究に遠慮なく裸で飛び込むわけにもいかない。中国の女性解放と西方のフェミニズム運動は、まったく違った根から出ているのだ。西方の女性が今いかなる主義を唱え、いかなる文明に向かっていようとも、中国女性はまず自分の解放の来歴を見きわめ、かつて中国女性解放を指導したマルクス主義理論に真剣に向きあう必要がある。

現実を直視し、史実を直視するならば、マルクス主義は中国において単なる一つの主義ではなく、単なる一種の意識形態でもないことを認めないわけにはいかない。それは近代中国における社会変革の精神的支柱であったし、現代中国における女性解放の魂でもある。

数年前に「ルーツ探しブーム」がおこって黄帝、黄河、黄土に探索が向かったが、まったく見当違いだった。孔子の学説はもはや現代中国の社会問題を説明することはできない。現代の中国は、政治体制、経済的基盤、意識形態（もちろん女性解放を含む）のどれをとっても、儒・道・仏のいずれとも無縁だ。その新しい根は、新しい世界の土壌、すなわちマルクス主義とそれがもたらした社会主義革命から生まれ育ったものだ。

中国の女性解放がそれをはっきり証明している。

女性問題は中国社会に巣食う難病である。女性問題については深く省みる価値がある。

――封建家庭制度がきわめて厳格であった中国で、わずか数年間で女性を全面的に社会に進出させ、男性と法的平等、同一労働同一賃金を保証し、西方の女性が百年かかってもたどり着けない道を歩きおえることを可能にしたのは何の力だったのか。

――男尊女卑の観念が深くしみ通っていた中国で、わずか数年間で男女平等思想を人々の心に浸透させ、女性に「天の半分」を支えさせるばかりでなく、「気管炎〔＝妻管厳、すなわち恐妻病という言葉遊び〕」の奇跡さえ起こさせたのは何の力だったのか。

結論はただ一つ、社会主義革命だ。

その思想の根源はマルクス主義にほかならない。

われわれが手にしている女性解放の理論、観念、政策の根拠から実際行動のルールに至るまで、祖先の遺訓からではなくマルクス主義からきたものだ。

マルクス主義は中国女性に対して実際に偉大な歴史的貢献をした。時代がどんなに変わり、人々がいかなる主義を奉じようと、女性解放問題においては、開祖の恩義を忘れるわけにはいかない。

ただし、マルクス主義は中国を改造したが、中国もマルクス主義を改造した。わたしと同世代の女性たちがしだいに成熟し、思考を始めたときには、この改造された新中国の中に身を置き、完全に中国化されたマルクス主義と向きあっていたのだ。

このような母の胎内から生まれでて、新世界誕生時の血が滴る臍の緒とつながったまま、洗い清めることもなく、傷口が癒えるのを待つこともなしに、気軽に国際的な大家庭の一員となることができるだろうか。もし臍の緒をつけたままだとしたら、どうやって自立し強く自信を持ってこの大家庭の中で成長することができるだろうか。

中国の女性解放は、直接マルクス主義の恩恵を受けている。中国の女性理論研究は、マルクス主義の女性解放理論を見直すところから歩き始めるしかないのだ。

わたしの見直しは、べつにマルクス主義の正統を探し求めるものではない。現在の世界、現在の中国においては、いかなる正統マルクス主義ももはや無力であるのは明らかだ。生活はとっくに先へ行ってしまった。中国はとっくに先へ行ってしまった。

わたしの見直しは、ただ今日でも人々（とりわけ女性）が真理だとみなしている理論が、われわれの思想に押しつけてくる枷を解き放つためだ。

わたしはあえて言おう。現代中国女性の心中の言葉にできないとまどい、よりどころのない矛盾した気持、人であることと女であることの間の隔絶と耐え難さ、すでに「解放」されたのにままならぬ人生、さらに行動の原則や、人としての規範や、ありとあらゆるものがあの改造されたマルクス主義女性解放理論と無縁ではない。

わたしはまさにその意味で見直しに手を付けたので、批判したのではない。

ひとつの偶然なエピソードが、わたしの信念をさらに裏付けた。

一九九〇年三月、鄭州で開いた国際女性会議の後、わたしは台湾、香港の友人を何人か連れて河南省歴史博物館を見学した。彼女たちは母系社会の陳列室に足を止めて立ち去りがたい様子で、「母系社会」「父権社会」という表示板の前で記念撮影をした。台湾から来た友人はことのほか驚き喜んだ。

「あなたたちの社会で男女平等の空気がこれほど濃いのも道理だわ、あなたたちの歴史は母系社会をみとめているうえに、こんな高い評価をしているんですもの」

「階級社会とはすなわち父権社会のことだと公認されているというのはすごいことだわ。これは女性解放にもっとも説得力ある歴史的根拠を与えている。こんなに多くの男性が女性研究に参加しているのも不思議はないわ」

わたしは彼女たちの驚きと喜びに深く揺り動かされた。同じ華人でありながら、なんと違った歴史をもっていることか。

原因はといえば、マルクス主義しかない。

大陸生まれのわたしと同世代の男女は、共通の歴史を受け入れている。母系社会＝原始共産主義、父権社会＝階級社会――これこそがわれわれの正史である。数十年がたったが、不思議なことに、これが史実なのか、それとも改造されたマルクス主義からきたものか、検証しようとした人がいたのだろうか。

ああ！　他人の鏡の中で初めて、自分をはっきり認識することができる。

なにはともあれ、このことだけでも、わたしはマルクスに感謝し、マルクス主義を中国に導入した近代思想の先駆者と、社会主義革命の中に女性解放を持ち込んだ先輩たちに感謝する。同時に、マルクス主義によって歴史を改造した歴史学者たちにも感謝する――その当否はともかくとして、かれらは結局マルクス主義の名と、社会と時代の力によって、自らを救うことのできない（当時は！）中国女性を助けてくれたのだから。

社会による抑圧と社会による援助は、女性にとって、実際はそれぞれ得失がある。しかしわたしたちは、得であれ失であれ、われわれの心身に押された烙印をはっきり認めなければならない。禍であれ福であれ、理非曲直のいずれにしても、すでにわたしたち自身のものだ。わたしたちは自分を見直すところから出発するしかない。

自分たちの教訓と経験の中から栄養を汲み取り、羽を整えよう。自分の血と汗と涙の中から強くなろう。そうしてはじめて青空に向かって羽ばたき、健康で自信に満ちて世界に向かっていけるのだ。

その意味では、マルクス主義は「帽子」ではなく、わたしたちがかつて過ごした生活につけられた印のひとつなのだ。

現在、生活はすでに大きく前進した。いかなる正統のあるいは改造されたマルクス主義の「帽子」も捨てさられてしまっただけでなく、それがわたしたちの生活につけ加えていた色あいと印も変わってしまった。

今になってみれば、友人たちの批判と忠告ももっともだ。女性研究は女性研究であり、それは女性に向かい、全人類に向かうものだから、さまざまな学説と主義を包摂すべきであり、いまさら誰の帽子もかぶることはない。

わたしも過去に別れを告げよう。

『イヴの探索』が後世に残ることはきっとないだろう。それを残念には思わない。もともとあれは現実から生まれ、現実に直接奉仕したものなのだから。あけすけに言えば、これまた儒家の「現世」思想がなせるわざだ。マルクスの「帽子」をかぶり、骨の髄は依然として中国の伝統色——これもまた中国化されたマルクス主義のひとつといえないだろうか。

第五章　「女と家政」の風波

一九八四年の一年間、わたしが自分に課した仕事は調査だった。書をおき、歴史からでて、いかなる理論枠組も持たずに、中国女性の現状を調査した。

研究費もなく、助手もなく、時間さえなく、授業の合間と休暇を使えるだけだった。恥ずかしながら、わたしはいかなる科学的方法も使わなかったし、近代的な計量機器も持っていなかった。ただ、自分なりのやり方にしたがった。すなわち、女たちの中にはいり、大地に近づき、生活からもたらされる情報を注意深くとらえることだった。

年の初め、冬休みを利用して、わたしは十以上の県、郷を踏破し、山地や平原や鉱山にいった。

一九七八年以来、改革は音もなく地方に忍び寄ってきた。郷鎮企業[1]が雨後の筍のように興り、多くの農民男性を吸収した。そのために、わたしが目にしたのは、家庭に残った女たちが家の内外で否応なく「天の全部」を支える姿だった。家庭請負制[2]の主な担い手は実は女だったのだ。

このころは、ちょうど新婚姻法[3]が公布されてまもなくだったので、裁判所、結婚紹介所、地域婦女連などでは悲喜こもごもの別れや結びつきの物語に耳を傾けた。わたしが驚いたのは、夫に捨てられた妻が訴え出た不倫相手の多くが高年齢で未婚の知識女性だったことだ。男をとりあう結婚戦争の中で、ともに破れて傷つくのは女たちだった。

さらに多くの時間を、街頭にテントを並べる個人営業の店をめぐって費やした。品物をひやかしながらおしゃべりをするのだ。萌えだした草のように活気に満ちた個人営業階層には、女性がとても多かった。そのほとんどが女性待業青年[4]か、定年前に退職を迫られた女性労働者だった。人々は彼女たちが「家に帰った[5]」と思っていたが、どっこい本人たちは職業婦人を続けていたのだ。

たくさんのことを耳にし、たくさんの質問をした。まったく新しい物事を把握しようとしていたにもかかわらず、わたしが得たのはとてもなじみ深い、むかしから繰り返し味わった感覚だった。あまりになじみ深くて、自分の顔をみているようなのだ。これはいったい何だろう？

何だろう？　何だろう？　わたしはずっと考え続けた。どうしても思い当たらなかった。突然、ひとしきりドタバタした後でフーッと一息ついたとき、わたしは突然悟った。どこに中国女性を探しにいこうというのか。彼女はすぐそばに、心の中にいる、彼女はわたし自身なのだ、と。

アンケート調査も統計数字も必要ない。現代中国の女性問題は明らかで見つけやすい。それはわたしたち一人一人の大人の女の現実生活の中に例外なく現れているのだから。

——中国女性のもっとも普遍的で際だった問題は、女性の資質と意識の問題である。社会解放の出発点において、個人の資質は一般にとても低く、女性の自我意識は非常に弱かった。それは見えない縄のように、わたしたちの手足を縛り、つきぬけられない濃霧のように、中国女性一人一人の心の中に立ちこめて、政治参加・就業・結婚家庭・恋愛などのさまざまな面で女性の自立と自己強化のおもな障害になっている。

——中国の職業女性にとってもっとも普遍的で重大な問題は二重役割の負担である。仕事と家庭という逆方向に向かって駆ける馬車は、わたしたちの人生に重荷を負わせ、家庭と男性にも重荷を負わせる。これは女性解放の結果であると同時に、女性解放を続けてゆく上でのガンでもあるのだ。

中国女性は二つの面を持っている。正面は独立した人間で、平等の権利を持ち、経済的に自立した新中国の主人公である。その背後には、依然として伝統的な家という重荷を背負っている。いったい女は家庭の主人なのだろうか、あるいは奴隷なのだろうか。女性は正面を社会に見せ、社会はそのおかげでさらに文明的で進歩的に見える。背中は自分だけに残しておく。体は疲れ、心は重い。新しく生まれたもの、伝統のままのもの、二つの面の狭間にあって、女性自身だけが見えない——女性の主体意識は社会と家庭の二重役割の中に埋もれてしまっている。

問題を見きわめると、意外にも心はかえって重くなった。わたしはここで切り上げて、別の学問に戻ることができなくなった。何かしなくてはとひたすら考えた。たとえ小さな試みでもいいから。

だけど、なにができるだろう?

一九八五年五月、わたしは河南省婦女幹部学校と協力して、建国以来最初の「女子家政クラス」を開講した。

わたしは一つの試みをしようとした。それは、女性に対して自己認識の教育をおこない、国民は皆一色という社会観念の中に新たに女性という主体的立場を確認することだった。また、科学的な家庭管理法と生活を整える技術を系統的に教えることで、職業女性の二重役割負担の緊張と圧力を緩和する手助けをすることだった。

そこで風波が立った。

どうして？

「女子」と「家政」を並べたというだけのことで。

ある人々（みんな女性！）は机をたたいて罵った。わたしが「女を家に帰らせ」、「歴史を逆戻りさせる」、「女性解放の大敵」だといって。

わたしは腹を立てなかった。その女性たちを哀れんだ。彼女たちの大部分は高齢で、自己を捨てて革命の事業に生涯を捧げてきた。そのじつ長い間、彼女たちは二重役割負担の泥沼から抜けられなかった。矛盾、とまどい、あがき、奮闘、心身の衰弱、口に出せない疲労、それでもなお自分の境遇を正視する勇気がなかったのだ。家庭の重荷を負い、夫と子供を愛し、日常茶飯事にかまけながら、やみくもに家庭を天敵とみなしていたのだ。

わたしは彼女たちに同情する。彼女たちは強くなろうとたゆまず自分を励ましてきた人たちだ。それを咎めることはできない。かつて家庭は女の牢獄だった。家庭から出るために苦難を経てきたこの女性たちは、再びその牢獄に落ち込むことをひたすら恐れているのだ。

わたしたちが『女と家政』という題で本を出そうとしていることを知ると、親切な友人は北京から忠告の手紙をよこした。「ぜひ題名を変えなさい、女と家政を結びつけてはダメ、誤解を招かないように」。わたしは変えなかった。

わたしたち女は現実に向きあい、生活に向きあい、自分に向きあう勇気を持つべきだとわたしは思う。家庭を放棄することができず、おもな責任を負っているのなら、どうして正々堂々と家庭の主人になってはいけないのだろう。

女性の社会進出は、家庭からの脱出ではなく、実際には家庭を背負って社会に出てきたのだ。ふりかえってみれば、膨大な女性たちが短い期間に社会に進出したのは、必ずしも（むしろほとんど）自己の成長を求めてではなく、社会あるいは家庭に促された結果だった。今日、女性たちは自分の仕事をもったが、そのために力を貯えたとはいえないし、家庭生活においてなんの特権もない。三度の食事、老人子供、みんな女の負担になっている。手際よく処理しなければいつ裏庭で火事が起こるかわからない。そうなれば家でも外でも身の置き場がなくなるのは女なのだ。

このような現実を前にして、殴られて頬を腫らしているのに太ったとごまかすようなことを、続けてゆくわけにはいかない。高らかに「解放」を歌うよりは、実際的な手助けをおこない、今の条件の中でできるかぎり身軽に快適に暮らせるようにしたほうがいい。「女子家政クラス」の発想と試みはこうして生まれた。


ここ数年、いくつかの省の婦女連幹部学校は正式に家政科を開設した。「女性の自己認識」も一人歩きをはじめ、マスコミを通して、梁軍《リャンジュン》女史の精力的な講演行脚を通じて、学校、工場、地域婦女連、企業職員などの中に、数千数万の女性としての自己確認を生み出した。かつてのような人を傷つける誹謗の声もかき消されてしまった。

わたしがこの古い事件を書き残したのはほかでもない。中国において、中国女性の中で、ひとつの理論の枠を破り、じぶんの感覚に正直に、苦しいことを苦しいというだけでも、新しく生まれ変わるくらいの勇気が必要であり、風当たりが避けられないことを説明したかったただけなのだ。

（1）郷鎮企業　郷・鎮は県の下の行政単位。八〇年代の初期、それまでは農業中心だった郷や鎮に小規模な工場が続々と設立された。
（2）家庭請負制　やはり八〇年代になって、人民公社という集団農業経営方式が解体し、各農家が一定の土地を請け負って生産に責任を持つ方式に移行した。
（3）新婚姻法　一九八〇年、婚姻法が改定された。新婚姻法の特徴として、計画出産を法文化したことのほかに、夫婦の愛情が破綻したと認められれば離婚できるようになったことがある。
（4）待業青年　文革時代に農村に下放され、都市に戻ってきても職のない青年たち。社会主義には失業はないという建前からこう呼ばれた。
（5）失業者の増加や、文革中の機械的な男女平等に対する反発から、「婦女回家＝女は家に帰れ」という声がでて、八〇年代半ば賛否の論が女性誌などでさかんにたたかわされた。

第六章　水火の苦難

一九八五年の夏、夏休みを利用して、わたしは志を同じくする研究者たちを鄭州に集めて、女性研究座談会を開催した。参加者は三〇人あまり、大部分は中年と若手の女性知識層だった。集まりは小さかったが、大きな意義をもっていた。これは女性研究における建国以来最初の自発的な民間の学術集会だった。

座談会という形だったから、取り上げた問題は広範囲にわたった。文学作品中の女性形象から現実生活の中の女性問題、各学術分野の中での女性に関する研究の情報など、たいていは参加者の職業、専門、研究に関することだった。たとえば、現代中国の女性作家の作品に描かれた結婚や家庭の問題、中国近代女性運動史の講義概要、米国における女性心理学の研究状況……。

　会の雰囲気はいきいきして、率直で、真剣で、熱心で、軽やかだった。上級の指示もなければ、政治報告もなく、おきまりの挨拶や常套句もなかった。この集会を開くまでの困難をみんながよく知っていたからだ。

　二日目の午後、ちょっとした波乱が起きた。傍聴したいといって来ていた女性が突然立ち上がって発言した。彼女は非常に激していた。

「多くの女性たちはいまなお熱い火の中、深い水の中で苦しんでいるというのに、ここであなたたちが話していることはなんの役に立つんですか？」

　その一言に一同はあっけにとられ、しばらくみんな無言だった。

　文革という硝煙抜きの革命時代を「嵐のごとく」過ごした体験を共有するわたしたちは、その種の言葉をあまりに聞き慣れていたし、その言葉の重みもよくわかっていた。それはわたしたちを反省させる。

「そうだ、わたしたちは何をしているのだろう。腹がふくれたので、病気でもないのにうめき声をあげ始めたのかしら」

　それはわたしたちに自責の念をおこさせる。

「大勢の農村の女性たちはまだ貧困と飢餓の中にいるのに、わたしたちがここで愛のとどいについて語り合う権利があるのだろうか」

わたしはまた、次のような涙を誘う言葉を覚えている。

「農民が血と汗でわたしたちを養ってくれるのは、ここで清談をするためではありません。わたしたちの姉妹はいまも売り飛ばされ、凌辱されているというのに、ここに座っていて恥ずかしくないでしょうか」

この言葉はその場の全員がいても立ってもいられないやましさを感じさせるに足るものだった。まるでみんなは座して他人に養われているかのようであり、食べること以外のどんな思考も願望も罪悪であるかのようだった。まるでみんなはもう一度布団を背負って山や村に労働にゆき、水火の苦難の中で苦労を共にすべきだというようだった。

もしも十年前ならば、状況はそうなったに違いない。それだけではすまない。当時ならば、単なる「清談」というだけでも、「民間の集会」というだけでも、申し開きできない冤罪を被り、獄にさえ放り込まれたかもしれない。

しかし今は、ただしばらくの無言だった。無言の中に軽蔑が感じられた。

わたしは参加者の大部分が大学と研究機関に勤めているのを知っていた。みんな自分の職業と専門を持っており、「ただ飯食い」は一人もいない。なにも恥じ入ることはないのだ。もしも単なる研究者で「中性的」学問に携わっているならば、たとえ農村や農民に言及しても女性に言及さえしなければ、水火の中に身を置けなどと苛烈な要求をするものはいないだろう。

中国では、「水火の苦難」に対する理解は、きまって飯を食うといった生きるか死ぬかの問題につながる。この次元では、安定した生活はすでに贅沢の一種である。生活が安定して分不相応なことを考えるのは、「ブルジョア階級のたぐい」にきまっているのだ。

この土地に暮らしていなければ、このような「水火の苦難」式の精神的な枷を理解するのはとても難しい。文革の十年の後は、この種の言葉が口にされることは少なくなり、火薬のにおいも薄れてきた。ただ女だけが例外だった。女が生きるのはそれほどに重く、伝統（革命的伝統を含めて）に対する女の執着はそれほど強い。

一九二〇年代、中国では初めて女性に人々の注目が集まったが、情熱をかたむけたのはほとんどみな男性だった。現在の中国女性研究の勃興は、ほんとうに女性知識層の自覚的な参入によるものだ。この時点で「水火の苦難」を持ち出すのは、まるで孫悟空の頭を締めつける輪のように、急進的で同情心にあふれる革命的な呪文を唱えることによって、みんなが分を守り、持場を離れて軽挙妄動しないよう脅すようなものだ。

呪文の下には、知識層の女性に対する目に見えない、互いに関連した二本の鎖があった。

第一は知識分子すなわちプチブルの自己改造である。労働者農民と結びつく義務はあるが、「労働者農民を研究する」などとはおこがましい。当時一四、五歳の中学生だったわたしたちでさえ、「旧社会の秀才〔官吏登用試験の合格者〕に相当する」として改造される行列に並ぶ幸運に恵まれ、改造改造で三年、五年、十年がすぎた。むろん女性知識層も例外ではなく、男性のまねをするだけでなく、貧農や下層中農にも学ばなければならなかった。嘘だと思うなら座談会の出席者に聞いてみることだ。若いとはいえ、みな「水火の苦難」をくぐっている。

第二は女性意識の啓発とはいうものの、じつはやはり階級意識の啓発である。「汚れを恐れず、疲れを恐れず」のスローガンと実践によって、汚辱、愚昧、貧困と一体化させられる。いつのころからか、女性知識層の中には、女性の知識人という立場を正視することにある種のやましさ、罪悪感がみられるようになった。まさに「多くの労働女性たちがまだ水火の苦難の中にいる」ためだ。長いあいだ女性知識層はそれぞれの道を歩いてきたが、職業とのみ一体化して女のことに首を突っ込まなかったのも無理はない。彼女は再び水火の苦難に落ち込むことをひたすら恐れていたのだ。

73＊水火の苦難

「水火の苦難」の中にいるのはもちろん不自由だ。では「水火」から抜け出せば自由になるだろうか。奴隷は「イエス」というかもしれないが、女はそうではない。自由になった体で、自由な魂を探しに行きたいのだ。

そこで、「水火の苦難」の外で座談会が開かれ、そこから「生活安定の問題」とはほど遠い女性研究が生まれたのだ。

第七章　わたしも敏感だ

鄭州国際女性研究会議の席上、貴州からきた参加者が「貴州の観光事業における少数民族女性の役割」という報告をした。自由発言のとき、ドイツのJ博士が質問した。

「あなたは少数民族女性の観光事業への貢献について話されましたが、それに伴う問題、たとえば売春について話していただけませんか」

貴州からの参加者はどう答えていいかと、一瞬ためらった。

「わたしがお答えしましょう」と、中国社会科学院民族研究所の研究員の厳汝嫻《イエンルウシエン》さんが話をひきとった。彼女は長期にわたって少数民族居住地区に深くはいりこみ、ナシ族母系社会の研究に最初に手を染めた研究者の一人だ。彼女はその地の民族の風俗習慣を紹介し、雲南、貴州地区の少数民族の男女関係に関する観念と漢民族や欧米人の性観念の違いを、説得力をもって解説した。彼女は、少数民族を主体とした観光事業の中で、売春問題が出てくることはあり得ないと考えていた。彼女は感情をたかぶらせていた。その感情はわたしにもなじみの深い、尊重されるべきものだった。彼女はこうしめくくった。

「西方の流儀はあそこでは全く通用しません」

J博士は肩をすくめただけで、一言も発しなかった。

閉会後、J博士にちょっと説明しようと思っていたら、彼女の方からこの話を持ち出した。彼女は不思議そうだった。

「売春問題はもう秘密ではなく、あなたたちのテレビや新聞がとっくに大っぴらに討論してるじゃないの。おまけに歴史の長い問題で、どの国にだってあることよ。『西方の流儀』となんの関係があるの?」と、彼女は不満たらたらだった。

「あなたが外国人だからよ。中国には、家の恥を外にさらすな、ということわざがあるのをご存知でしょう」

「西方の学術会議では、問題を討論するのに、国や肌の色は関係ないわ」

「ここは中国なのよ。東西の歴史が、すでに対話の出発点を不平等にしているんです。これは排外主義などではなくて、民族の自尊心から出たものだとわかってほしいわ。みんなはあなたがわざと欠点をあげつらうと誤解しかねない」

「わたしは中国に六年住んでいて、中国を愛し、中国女性に心を寄せているのに」

「彼女たちはまだあなたを理解していないのよ」

「あーあ、彼女たちは敏感すぎる」と、彼女は肩をすくめた。

「わたしも敏感よ」

「あなたも?」彼女は強く首を振った。「まさかあなたが!」

彼女の驚きを見て、わたしの胸にはさまざまな思いが沸きあがった。そのとき彼女に、これに関連する出来事について話をしたいと思った。


ひとつの出来事について話そう。

都市の改革が始まってから、女性問題はふえる一方で、一部の外国の女性学研究者の関心を惹くようになった。多くの人が中国を訪れた。その中には、中国女性の変化と女性研究の勃興に対して、わたしたち自身よりエネルギーと情熱を傾けた人たちがいた。

一九八七年夏、北京大学で教えている友人から電話があった。外国人たちがわたしと会って話したいのだという。送話器のそばで英語を話す声がきこえた。

何の話をしたいのだろう。わたしはちょうど会議のために東北へ行こうとしていた時で、北京での日程はつまっていた。わたしはまず状況をつかもうとした。

その友人が電話でいうには、その外国人研究者たちはわたしの研究成果を発表した文章を英語の報道で読んだのだが、わたしがなぜ「性の抽象」というのか理解できないとのことだった。sex という単語はとりわけ生理的な意味での性と性欲を指すものだから、かわりに gender とすべきだというのだ。

「女性学」という提起のしかたにもあまり賛成ではないという。なぜなら西方の大学では「ジェンダー研究」の勢いがますます盛んになっているから。彼女たちはわたしが「婦女研究叢書」の著者に男性を含めたことに難色を示し、「それならいっそ、なぜすっきりと gender studies と呼ばないのか」といった。

また、彼女たちはわたしが女と男の違いを極端に強調するのが理解できなかった。長年来、西方のフェミニストは、女と男に本質的な違いはないということをわざわざ強調してきたのだそうだ。

むこうの電話のそばで、友人の声に混じって、二、三人の外国人が口々に意見を述べているのが聞き取れた。聞いているうちに、わたしは問題点について説明するかわりに、遠慮なくむこうの話を打ち切りたいという気持ちがどこからともなく沸いてきた。

「外国の学者たちにお伝えください。わたしには座談会に参加している暇がないって。それに、今わたしは彼女たちと話したいとはまったく思わないわ。わたしにとって、目下重大な問題は中国に面と向かうことであり、当面の急務は中国女性が提出した問題に答えることだから」

わたしがこんなふうに無遠慮に電話を切り、人の好意を乱暴に拒絶するようなふるまいをしたことを、J博士は想像できないだろうか。

そのころは、まさに国内の女性問題が次から次へとわき出ているときだった。このような状況で部外者からあれこれ指図される気持は推して知るべし。わたしはまるで挟み撃ちにあった気分だった。国内からの圧力は、甘んじて受けた。しかし外からの圧力に対しては、本能的に病的ともいえる敏感さと拒絶を示した。

後に、外国との関係も多くなると、交流や協力を通して寛容と理解が生まれてきた。この理解は、お互いの差異を減らしたわけではない。逆に、わたしがはっきり認識したのは、正面から差異をみつめ、中国の状況をきちんと把握すべきだということだ。それでこそはじめて、外国の研究者と対話、交流、協力ができる。

東と西の文化のあいだには、たしかに巨大な差異が存在している。女性と女性研究が世界的な広がりの中で相互の同一化と相互の扶助を可能なかぎり実現して来たことは認めるにせよ、この差異はやはり存在する。それはわたしたち自身さえ察知しがたい枝葉末節にあらわれているにしても、やはり重大な選択に影響を及ぼすのだ。

　たとえば、西方に比較して、中国ではなぜ女性主義だけが存在して女権主義の言説が少ないのだろう。[1] 八〇年代に勃興した女性研究は、なぜジェンダー研究とかたくなに一線を画したのだろう。なぜ今日の中国女性自身が性別の差異を強調するのだろう、まさか「第二の性」をもっと続けたいわけではあるまいに……。

　このように理論や観点に相違があるのなら、是非を論じあうのもいい。しかしわたしは、この差異はとても貴重なことだと思う。この差異は、東西それぞれの女性の異なった喜び苦しみの体験にしみとおっており、形の違う抗争や奮闘のみならず、女性たちの共通の期待と夢——人類の平等、自由、平和、幸福——をも形づくっている。道は違っても、目標は一つなのだ。

　わたしたちはお互いを尊重することを学ばなければならない。違いを残して共通点を求めてこそ、互いに尊重しあえるのだ。

　残念なことに、J博士にこの話をする暇はなかった。そのときは、こういっただけだった。

「わたしはとても敏感なの。それはあなたには理解しにくいでしょう」

「どうして？」

「たとえ話をしましょう。二つの文化、二つの民族がある。一方は自分が高いところ、つまり天国、文明、進歩の側にいるという。もう一方は、どん底、地獄にいて、愚かで落ちこぼれだといわれている。もしあなたがどん底にいて、それでも自分がまったくダメだとは認めないとしましょう。そのとき人に欠点を指摘されたら、たとえそれが事実でも、どう反応するかしら」

「そうね、わたしも敏感になるかもしれない」

彼女は笑った。その笑顔はさわやかで、青い目は魅力的だった。

（1）「女性主義」と「女権主義」はフェミニズムの訳語として中国語では共に通用している。「女権主義」は第一波フェミニズムの時代から使われている訳語で、李小江も使用している。しかし、語感がきつく、また古めかしい感じもあるので、最近は「女性主義」を使う人が多い。また、外国のフェミニズムについては「女権主義」、自分たちを指す時は「女性主義」と使いわけることもある。

第八章　性別と学問

中国における女性研究の意義について、わたしはこう書いたことがある。

「中国女性研究という新しい隊伍の登場は、女性の理性の目覚めの幕をあけた。それは男性学者による身分保証を待ちこがれる知識女性の姿勢を改造し、ついに『無性』の学術界に『有性』の旗印を打ち立て、女性の主体的立場からすべての歴史とあらゆる学問を検討しようとしている」

こんなふうに性別の色合いを押しつけがましく全面に出すのは、女性研究の偏狭さを証明するだけのようにみえる。「無性」「中性」の学術界から「有性」に向かうのは、あきらかに広々とした無限の天地から閉ざされた峡谷へと赴くことだ。

しかし、わたしが思うには、学術界で「有性」の旗印を掲げるのは一種の哲学革命であり、学問を人生に近づけることだ。そのわけは簡単なこと、この世界には、抽象的な「人」は存在しないからだ。人類の個体にせよ群体にせよ、発生学的な意味からは「有性」というのは基本的な規定の一つである。そのため性の要素は人類の生活の各領域に浸透しており、人に関する学問のあらゆる面にも自然に浸透している。

意外なことに、反対意見を出したのはたまたま哲学を専攻する人だった。一九八六年にわたしは北京市民主同盟の「学術サロン」で報告し、女性研究の方法論としての意義を強調する中で前述のような観点を述べた。全国的にかなり名を知られた中年の哲学者が文句をつけ、反証の形で婉曲にわたしを啓蒙しようとした。

「女性研究のことは知らないが、あなたのように性別の要素を強調するのは妥当ではないね。わたしは哲学をやっているが、わたしの知るかぎり、古今東西哲学者といえるのはみな男性だ。しかも、多くの大哲学者、たとえばカント、キェルケゴール、ショペンハワー、ニーチェ、まだまだいるが、みんな生涯結婚しなかった。それを見ても女性と哲学はあまり関係がないことがわかる。結局、哲学は文学とは違うんだよ」

この最後の一言の矛先は、文学専攻のわたしに向けられたものだった。わたしがこんなに性別要因を強調するのは、文学芸術家の優雅な詩文の数々に感化されただけのことだとほのめかしたのだ。わたしは文学、わけても「人間学」としての文学がわたしに与えた影響について弁解するつもりはない。その影響があったからこそ、抽象的な哲学に対しても、しっかりとたれこめた幕を持ち上げて、哲学という学に携わる人の性別の立場をのぞき見したくなったのかもしれない。いったい無性や中性の哲学者が一人でもいるだろうか。いやしない。かれらはみんな男性だ。だとすると、こう尋ねないではいられない。

——具体的な形を持つ人間学——文学は愛と欲の性的争いに満ちあふれている。それなのに、人文的現象を抽象化して研究する哲学になると、なぜ性別要素が薄れてしまうのだろう。——文学として書かれた文字と文学者を称する人々には男も女もあって、情と欲が渦巻いているのに、哲学という学問はなぜ男ばかりの天下なのだろう。

歴史と具体的な人生の源をたどってゆけば、哲学の女性排斥という現象は、性別要因によることを発見するのは難しくない。

文明史の初めに、女性は家庭にもどり、社会生活から全面的に引退した。広い世界に遊ぶことができなくなった女が、どうやって観念の世界を占有することができるだろう。哲学者に女性がいないのは、世界文明史が女性を排斥した結果である。そのことはまた、文明史の中の哲学は女性を排斥した欠損のある哲学であり、「人間学」としてみれば、欠損のある人間学であることを定めた。

このような哲学現象はまず哲学者自身にはっきり反映され、それ以後の多くの哲学者は私生活ではともかくとして、理論や観念という公共の場においては常に女性を排斥し、女性を超越することで自分自身の性的立場の超越を完成した。キェルケゴール、ショペンハワー、ニーチェなどはみなその典型である。キェルケゴールが何度も婚約から逃げだして結婚せずに終わったことや、ニーチェが「女に会うときは鞭をもて」と唱えた言動から、わたしたちは女性と哲学は無関係だという結論を出すべきなのだろうか、それともまず、哲学者が女性を排斥し性別を超越した理性の心理過程を探索するのが妥当だろうか。この点から哲学に切り込むならば、哲学および哲学者はみな歴史の中で生身の人間として活動するようになる――これはひとつの哲学革命ではないだろうか。

じつをいえば、この詰問によって考えさせられたことが、まずわたしを目覚めさせた。わたしが「性のない学問」といったのは実際はまちがっていた。学問は人と同じように、もともと性を持っており、表現のしかたが違うだけなのだ。文明史以来のあらゆる人間の学問は、どれも男性の立場を明らかにしているか、少なくとも男性中心的である。それによって、学術界全体の性の立場も決定される。

「男性中心」であるならば、なぜ覆い隠す必要があるのだろう。なにも「中性」「無性」などと両性を超越した旗を掲げることはないではないか。ついにわたしは、自分自身もこの

「無性」にたぶらかされたことに気がついた。「無性」の骨の髄は相変わらずの男性統治で、男性は「真理」の名において観念の上で密かに女性の上に立ち続けてきたのだ。女性がひとたび学術界にはいると、ふつうの女性がもつ心身の自由を失うのも無理はない。学術界で認められることを期待しての長い努力の中では、どちらを向いても、軽やかな、ゆったりした、内面と外面が調和した自己を見いだすことができないのだ。

これは不平不満ではなく、実証できることだ。証拠をあげようとすれば、現実の中であまりに多く、男も女もわたし自身さえ習い性となって、そのためにかえってあげられないほどだ。

一九八五年の初冬、三聯書店の沈《シェン》社長に電話したところ、編集部に来るよう誘いを受けた。

「若い編集者たちがあなたに会いたがっていますよ」

それならいってみよう、何かあるにちがいない。はたして、五階まであがってまだ息を弾ませているというのに、すぐさま昔なじみがわたしを編集室に引っぱり込んだ。

「ほら、これが李小江ですよ」

彼女はわたしに説明した。

「あなたが女性研究をやってるっていったら、かれらはみんな、あなたは個人的問題を抱えていて、目を泣きはらした不幸面をしてるにちがいないというのよ。彼女はじつに楽しげに生きているといっても信じないの。さあ、どうかしら」と、彼女はみんなにいった。

「彼女のどこか欠けているように見える?」

みんなは朗らかに笑い出した。わたしも笑い出したが、重い笑いだった。わたしは密かに思った。もし女性研究を続けてゆくなら、「欠けたところのないように」自分を守ることは、命を守るより大切なようだ。第一に独身ではなく、第二に離婚せず、第三に子供がちゃんといて、第四に近所と仲良く……もし何かが欠けると、人々は驚いて逃げてゆき、学問どころではなくなってしまう。

まもなく、わたしの考えが杞憂ではないことが証明された。

一九八四年一一月、北京大学で講演した。テーマは「女性研究——人類の科学発展が通るべき道」。純粋に学術的な話だったのに、ある人が、こんな質問用紙をよこした。

「あなたは良き妻、良き母ですか?」

これはわたしの私事であり、わたしの気性と勇気をもってするならば、当然アメリカ大統領候補のように、「出ていけ! わたしが良き妻、良き母であろうとなかろうと、あんたと何の関係があるのよ」と怒鳴りつけてもかまわなかった。

ほんの一瞬、ジェンダー意識あるいは女性意識が無意識のうちにわたしを引き止め、わたしはまともな東方女性らしく事実に即した純東方女性風の回答をした。

聴衆からは大拍手が起こった。

こんどはわたしが質問した。

「北京大で講演する男性の学者は多いでしょうが、あなたは良き夫、良き父ですかという質問用紙を提出した人があったかどうか、教えていただきたいのですが」

誰も答えてくれなかった、ただ笑いの渦だった。

この時わたしは笑えなかった。わたしが真面目すぎてユーモアに欠けると友人が評するのも無理はない。ユーモアとは一種の度量であるが、是非を明らかにすべきときや、もっともらしい偽りに対しては、鷹揚にかまえていられない。わたしはまだそこまで人間ができていない。このような挑戦的ともいえる態度にはしょっちゅう出会っているのだが、それでも見過ごすことができない。人々の女性に対する過酷な要求が公正であるかどうかはともかくとしても、肝心なのは、人々が女であるあなたを見捨てると同時に、あなたの学問をも相手にしなくなることだ——この種の脅威は、不幸にも学問を志した女性にとって軽視できない。

この種のことをしゃべるのは、薄氷を踏むようなもので、ろくなことはない。しかし、それればかりではない。女が女を研究するのは、とりわけ恵まれた面もあるのだ。

学者たちが集まれば、自分の専門を報告しあうことになる。こんな言葉をよく耳にする。

「わたしはコンピュータのソフトをやっています」

「わたしは先秦史をやっています」

「わたしは外国文学をやっています」

……

「やる」という一語は「研究する」より日常的だし、専門について細かく説明しないでも、研究者という身分と職業がはっきりしているかぎり誤解の余地はない。ところが女性研究をしている人がつられて口を滑らせると、「女をやっています」となってしまう……これだけで真面目な男性はひるむだろう。お偉い学者先生たちは言うに及ばない。

ああよかった。幸いわたしは女だから、白状して口が滑ったところで、同性愛と思われるところまでもいかないだろう。

幸か不幸か？　途中の段階で結論を出すのは難しいが、やはりここで一つ証明をしておきたい。性差のある浮世にあって、学界だけが染まらずにいることはできない。学問そのものも学問をする人の性別の立場に結びつかないではいられない。

学問に等級はあるのだろうか。だれも学問のランク付けをしてはいない。法律の前での平等と同様に、科学の前で各学問は平等である。ただ、女の学だけが例外だ。女の学はいまだかつて学界に登録されたことがないからだ。おかしなことに学界も、人権の平等を高らかに唱えてきたくせに、男女の問題では腰くだけになる。人間性を高らかに唱えてきたくせに、性の問題は別扱いだ。そのため、性に関する学問はいつも日陰で行われ、女に関する文章は女と同じようにいささか蔑視されてきた。

いまや男女は平等になった。女の学も社会学や心理学や人類学などの新興科学と同様に、ひとたび出現したからには伝統的学術分野と肩を並べることができるだろうか。そうはいかない。伝統的な学界はながらく女の学を正視しようとしなかった。その理由は、第一に「有性」であるということは、主観の偏りという嫌疑を免れ得ない。第二に「女性」のものであるということは、他の性との矛盾を内包しており、純粋な学問以外のいわくいいがたい慮りが加わって、女の学を学問と呼ぶべきか、呼ぶことができるかためらわせるのだ。

女に関わることは実際あまりに卑賤である。感情、性、子供、家事、婆ちゃんに母ちゃん、口の端に乗せがたく、大雅の堂に入りがたい。そこで女性研究は、歴史に、伝統に、人間性に、文化の中に長い間失われていた位置を探しに行かざるをえなくなる。そのためかえって形而上的な客観的な大学問――我々が世に問うた「婦女研究叢書」のような――を生みだした。それは実際、現実の女性問題を認識する背景を提供したと同時に、ずっと女性を軽視あるいは無視してきた伝統的学界に対して身の証をたてたのである。大いに気を吐いてしかるべきところだ。ところがどっこい、またもや質問紙がつきつけられた（今年北京外語学院で講演したときのことだ）。

「あなたたちの女性研究は学術臭が強すぎるのではないでしょうか。女性問題は主として現実問題だというのに、あなたたちの研究にはどんな現実的意義があるのですか」

こんな板挟みの目に遭わなければならない学問がほかにあるだろうか。女に対する責め苦は、ついに女の学問にまで及んできた。わたしはついに堪忍袋の緒が切れて、アメリカ大統領候補そっくりに思いをぶちまけてしまった。

「もう結構。わたしたちが現実の女性問題について話せば、人は女のことは些事ばかりだと嘲り、『女』は学問にならないと予言する。ひとたび学問にしあげると、さらに多くの雑音が聞こえる。多くの女性が水火の苦難の中にいるのに、あなたたちの学問はあまりに深遠で、『花瓶』のような飾り物だと。もう聞きたくありません。わたしたちも生活しなければならないし、学問をしなければならない。ただわたしたちは二度と他人の指図は受けず、だれかが女のために、女の学のために身分保証をしてくれることを期待しません。これもまた女性研究の最も重要な現実的意義なのです」

第九章　女性の衝撃波

思想解放と社会改革の大潮流の中で、中国には文化が栄え経済に活気があふれる社会が到来するにちがいないと人々は予想した。しかし予想外だったのは、ここ数年、ゆるやかな政治的雰囲気と安定した社会環境の中で、われわれの社会がこんなにも多くの女性に関する「文章」を生み、目をそばだてるような「女界現象」をつぎつぎに出現させたことだ。

七〇年代末、新時期文学創作の高まりの中から、注目すべき「女性作家たち」があらわれ、「愛情」に関する一連の論議を引きおこした。(1)

八〇年代はじめ、新婚姻法公布と前後して、「秦香蓮」と「第三者」（多くは高年齢の未婚女性）が登場し、「結婚と家庭」の悲喜劇を演じた。(2)

八〇年代中期、全国で文化熱がわきおこった。一方では西欧の学問がドッと流入し、他方では祖先帰りのルーツ探しが盛んになった。東西文化の最高の結合は「女性熱」としてあらわれ、女性の体や顔はこの時から街頭や露店にあふれるようになった。人を惑わす美しさ、火傷するほどの熱さ、これはあきらかに「性」革命であり、「性観念」の革命であった。

一九八八年、都市改革の中で多くの流行のテーマが出現した。住宅問題、肩書き問題、物価問題……それにもうひとつ「女性の選ぶべき道[3]」の問題。女性によって引き起こされた問題は、一つ、また一つと、だんだん大きくなってゆく衝撃波のように、絶え間なく社会を揺るがし、人心を揺るがした。

これは「正常」な現象なのか、あるいは「異常」なのだろうか。

過去の十数年間、女性界ではたえず波乱がおこり、人心を騒がせ社会を騒がせてきた。しかし、人々が女性に対して過敏に反応したり、女性自身が過敏になったりしたことはない。問題といえばみな愛情問題、結婚問題であり、女にも男にも関係ある社会問題だった。五年前までは、街には本の露店〔国営の書店とちがい通俗的な本や雑誌を売る〕もなく、出版の市場でもあからさまに「女」をつけた書名はほとんどなかった。女を話題にするときは、人々はとりわけ婉曲に、丁重に「女性同志」と呼んだ。

近年、女を専門に論じて広く人々の興味を引きつけた最初の本は、フランスのシモーヌ・ド・ボーヴォワールの『第二の性』だった。『第二の性』は呼びかけであり、宣言である。発禁や非難にさらされた歴史をもち、滔々たる新フェミニズム運動の引きがねとなった。この本は中国では好意的に受け取られた——以前に西方で出版されたときのような災厄に見舞われることはなく、誰も禁止したり批判したりしなかった。さらにいえば、読んだり、批評したりする人の数もそれほど多くなかった。ただ書名そのものが衝撃だったのだ。訳者は「第二の性」の前に勝手に「女」とつけくわえることで、人々の心に波乱をまき起こした。たちまち「女」は一人歩きを始め、巷に氾濫した。『女性の神秘』『女性の困惑』『女性の恐怖』から『女性のまなざし』『女性の体』『女性の性的魅力』に至るまで。女のすべてが解剖され、表紙や広告やスクリーンやテレビ画面に赤裸々に陳列され、まるで「ピンク旋風」を吹き起こしたかのようだった。第二波フェミニズムの古典が中国大陸でこのように受け入れられるとは、西方のフェミニストには想像もつかなかっただろう。あるいはこれも西方の文化が中国に輸入されて「変形」したもう一つの証拠だろうか。

中国で最初に「女性の謎」の禁が破られたのは、女性の目覚めによってではなく、中国人の性意識の開放によってだった。女を重視する人はいくらもいなかったが、女の本を買う人はたくさんいた。本の露店には、偉人伝や占いや中国の病根といった本といっしょに女に関する本が並べられた。女の位置は占いと偉人伝の間にあるということか、あるいは女は中国病の徴候のひとつなのだろうか。

現在では、一陣の政治の風波が通りすぎ、激しい「六害除去」(4)運動をへて、雨のち晴れというように、またもや女性は光を放っている。「愛」という美辞をまとって、年賀カードの中をぶらつき、色鮮やかな九〇年代のカレンダーの中で輝いている。占い本は「六害」として追放されたが、女の本は依然として偉人伝とともに並べられて、無言のうちに古い、永遠のテーマを語っている……。

解放から四〇年、現代が始まって七〇年、近代が始まって一五〇年、いつの時代にこれほど多くの女の問題、女という性の問題、セックスの問題が、とまどいと疑いを伴って、社会の中に、家庭の中に、一人一人の心の中に侵入し、これほど多くの波乱を起こしただろうか。ある人は言う。これは中国女性解放の証拠なのだ、無言のうちに山を動かし、海を埋め立て、生活を改造し、人心を形作る女性の力を社会に示したのだ、と。

またある人は言う。これは中国文化の女性的特徴の証拠なのだ、中国の人性と女性とは水と乳のように混じりあい、相互に依存し、同時に生まれ共に育つ内的関係にあることを世界に示したのだ、と。

しかしまた、ある人、主として一部の女性たち自身は、これまでにない迷い、これまでにない耐え難さ、これまでにないとまどいを感じているという。眼前の華やかな女性文化と現実の女の生活とは隔たりがある。美しい女性のイメージは美術画廊で人目を引いているが、現実の女たちは生存と発展、家庭と仕事の狭間で立ち往生している。彼女たちは無情な波に襲われたように、方向もわからず、行くあてもない。

信じられないというなら、生活を見つめることだ。そうすれば、多くの女性学者、女性幹部、女性起業家の名前と名誉の陰に、多くの女優や女性歌手や女たちの頭と体の陰に、次のような光景が見えるだろう。

一方では、独立心と向上心が強く発展を求める知識女性が雪崩をうって西方に出てゆく出国ブームがあり、他方では金持ち願望にとりつかれた幼さの抜けない農村の娘たちが故郷を捨てて都会に流れてくる。一方で筍のようにわいて出た女性企業家が女性の管理能力を花咲かせ、他方では複数候補者選挙[5]によって女性幹部たちが落選し「女性の政治参加問題」を引き起こした。

一方では女性がサービス業、販売業、個人営業などに進出して第三次産業の興隆を大いに助け、他方では合理化の過程で女性労働者がぞくぞくとはじき出されて「就業危機」が問題になった。

一方では美容師やモデルが女性の魅力を十分に発揮し、他方では売春婦が公然と女性の肉体を売る……。

——女性界に起きたこのような波乱のひとつひとつに直面したとき、女性が社会に衝撃を与えたのか、社会が女性に衝撃を与えたのか、だれが明言できるだろう。

あるいは、これはまさに双方向の衝撃だろうか。そこには希望と危機、上昇と堕落、毀誉と褒貶、栄誉と恥辱がいりまじり、一方には天の裂け目を繕った女神の女媧《じょか》(6)を出現させ、他方では国を滅ぼす禍水がまたあふれでた。

昔の知恵者が見抜いていたように、女性という風見鶏は、つねに社会の文明程度と人間性の曲直をもっとも鮮明に示すのだ。

(1) 文化大革命以後の時代は、それ以前と区別して「新時期」と呼ばれる。新時期文学の特徴は、文学を政治の枠から解放したことで、これまでタブーだった愛情や性が重要なテーマとなり、女性作家たちが活躍した。
(2) 秦香蓮は、旧劇のヒロインで、出世した夫に捨てられた糟糠の妻。「第三者」とは婚外の愛人を指す。文化大革命の時期に農村や工場へ働きにいった都市出身の青年は、現地の女性たちと結ばれたが、文革が終わって都市に戻ったり進学したりすると、新しい恋人を得て妻を捨てるケースが多かった。彼らの相手になった「第三者」も、文革のため婚期を逃した女性たちだった。

（3）企業の独立採算化によって女性労働者がリストラされ、その一方で豊かになった農村で専業主婦が登場した。こういう変化を背景に、女は家に帰るべきか、という「女性の選ぶべき道」の論争が『中国婦女』などの誌上でくりひろげられた。

（4）五〇年代に「四害」として蠅、蚊、鼠、雀の撲滅キャンペーンがおこなわれた。人々は、八〇年代、これに色情と迷信を加え六害と呼んだ。

（5）中国の選挙は、従来は当選者と同じ数の候補者があらかじめ定められ、これを形式的に承認するだけだった。八〇年代の民主化の中で、初めて当選者より候補者の数が多い選挙が実施された。このとき、女性の候補が各地で落選し、論議を呼んだ。

（6）中国の神話に出てくる女神で、泥をこねて人間を作った。また、天の破れをつくろったといわれる。

第一〇章　天は落ちてくるか

一九八九年末から一九九〇年にかけて、周知のように政治的事件がおこり(1)、息もできないほど重苦しい空気がたちこめた。女性界にも季節外れの雷鳴がとどろき、ひと鳴りごとに激しさを増し、首都から地方へと波及していった。

わたしの五感は気圧の変化を感じとった。わたしの周囲の友人たち、わたしの文章の発表を助けた編集者、わたしの観点を語った教師、共に集まり仕事をした女性仲間は、みな圧力を感じていた。彼女たちはわたしに、用心し、口をつつしみ、書くのをひかえるように忠告した。この忠告は必要だった。嵐はいまにも襲ってきそうだった。

あまりの重苦しさに、わたしは嵐を待ち、嵐を望みさえした。わたしが嵐を望んだのは、そのために天が落ちてくるはずはないと思っていたからだ。

雷鳴はついに雨を呼んだ。

一九八九年一二月二五日、『中国婦女報』第三面に女性界の権威の談話が掲載された。[2]これは名指しこそしていないがまちがいなくわたしに対する批判の幕を切って落とすものだった。

その中にはこんな部分があった。

「最近の国際的な大状況、国内的な小状況の影響のもとで、われわれの女性解放事業という陣地も、決して真空ではありません……ある文章は、六〇余年にのぼる党の指導下での女性運動の輝かしい成果を無視し、膨大な女性大衆の自覚をおとしめ、革命のため、建設のため、自己の解放のため彼女たちがおこなった闘争の歴史を抹殺し、中国の女性は『依存階層』であり、中国の女性解放は『恩恵』だの『先取り』だのといっています……その一方で、わが国では通用しないことがとっくに証明されたブルジョア階級のフェミニズムの実践を称揚しています……」

「同志のみなさん、中国女性解放という土地は、わが党が開拓・開発した社会主義の陣地です……ブルジョア階級自由化思想による侵犯を許してはなりません」

雨は雷を伴った。雷というより戦いの太鼓のとどろきのようだった。

じつをいえば風雨の気配は早くからあった。八〇年代の初めから、十年近くかけて醸されていた。どうして？

書かれたもので見るかぎり、主な原因はわたしの三つの論点にある。

第一、「恩恵論」。これは『イヴの探索』で指摘したことで、中国女性の社会的解放は、多くの女性の自我意識がまだ目覚めず、解放をかちとる力が備わらない条件下で、社会主義革命によって「棚からボタ餅」式に与えられた、というものだ。

第二、「先取り論」。これは『女性の出路』の中で指摘したことで、女性解放には条件がある。それは物質文明が高度に発展した社会と不可分であり、また女性が意識して成長を求めるという主観的願望が不可欠である。中国の女性解放は社会生産力が低く、女性の自我意識が欠落した状況のなかで、立法によって先取り的に実現された、というものだ。

第三、「昔帰り論」。これについては、わたしがなんらかの観点を提起したわけではない。ただ経済改革の中で噴出した多くの女性問題を客観的に解釈したにすぎない。

見る目のある人なら誰でも、これらはみな大げさな「理論」でも何でもなく、中国女性の現実だとわかるはずだ。現実は論証する必要がなく、正視する必要があるだけだ。長いあいだわたしたちに欠けていたのは、現実を正視する勇気だった。

それなのに、また、どうして？

もしも正しいと自分できめこんでいる理論が現実と合致しなければ、現実および現実を正視する人はみな批判を受けることになる。批判だけならたいしたことはないが、こわいのは思想をたたきつぶされるときに飯茶碗も粉々になる恐れがあることだ。証明する必要もない現実のために飯茶碗をオシャカにする危険を冒すものがいるだろうか。

中国には愚者は多くないし、狂人も多くない。愚と狂は教育程度とは無関係だ。わたしはその多くない一人だと自認している。


その新聞が発行された日、編集長が長距離電話をかけてきた。一に警告、二に慰めるためだった。形勢は急迫しており、もちろん彼女たちを責めることはできなかった。それに、人は信じないかもしれないが、わたしはこの種のことをあまり気にしない。ひとつにはさんざん聞かされて、聞き飽きてしまった。流言が文字に変わり（雨滴のように？）、上から降ってきたとはいうものの、わたしは相変わらずそれで天が落ちてくるわけでもあるまいと思っていた。

二つには自分が身を置いているのは学界であって女性界ではなく、雷鳴がとどろいても雨滴がわが身に落ちてくることはない。女性界が政界の威勢を借りて学界に手を伸ばし、わたしの教鞭を取り上げて「三斗の米のために腰を折らせる」のでないかぎり。わたしは飯のために志を捨てるだろうか。ありえないことだ。

一陣の流言、一陣の批判は、満場の拍手、満場の賛辞と同じように、わたしにとっては一陣の風のようなものだ。勝手に吹いて勝手に去ればいい、わたしの日常生活の妨げにはならない。

ところが、大晦日の前日、とつぜん心境に変化をきたした。夜明け前、深夜にひどく興奮して目が覚めた。きっと無意識のうちにだれかがわたしに啓示を与え、導き、告げたにちがいない。淡々としているのも一種の退却だ、とりわけ今のように寒風がとつぜん吹き荒れ、雨が人々をずぶ濡れにしているようなときには、と。

わたしはとつぜん意識した。眼前のこの風雨は、じつに多くのことを意味しているし、多くの人に関わっているのだと。それはわたしたちの世代の女たちがみずから目覚めて始めたばかりの探索を脅かしているのだ。

四時に起きあがると、一通の公開書簡を走り書きした。宛名は庇護の心からわたしをかばって名指しを避けてくれたあの「お姉さま」に。題は「マルクス主義の科学的学風を堅持しよう」とした。

一二月三〇日の午後、わたしは速達で投函した。一刻も無駄にしたくなかった。わたしはこの黒雲を新しい年に持ち越したくなかったのだ。

残念なことに、「公開書簡」は今に至るまで公開発表されていない。しかしわたしは、いつかそれを世に出し、黒雲の下の陰影すべてを陽光にさらすときが来ると信じている。じつは当時、手紙の公開発表はなかったが、かなりの範囲で密かに伝えられて広まっていた。知るべき人はみな知っていたといってもいい。

天は落ちてくるだろうか。わたしは心構えをした。それでもなお、それが実際におきるとは信じなかった。

圧力はあった。それも予想したように、まさに政界を通して学界に手を伸ばし、わたしの教鞭を取り上げようとした。

しかし、天は落ちてこなかった。

序幕はあがったが、茶番劇は演じられなかったし、悲劇もなかった。

後になって、これで良かったと喜んだ。わたしが孤高を保って女性界と一線を画さなかったことも、タイミングよく「公開書簡」を書いて出したことも良かった。正面からの政治的圧力を招きはしたが、可能なかぎりの手をつくすことで、全国規模の批判・排除・連座が女性界で起こるのを抑える力になったからだ。

天が落ちないように支えたのは誰だろう。

わたしではない。

わたしはちっぽけな民にすぎず、権力もなければ勢力もない。たとえ小さな権勢があっても、ひいては大きな権勢があってさえ、中国では、政治の風波の中で人ひとりを引きずりおろすのはじつに簡単だ。

天を支えたのは、建国以来四〇年の風雨、文革一〇年の動乱、「六・四」〔天安門〕事件を体験してきた中国の人民、中国の女性だ。

わたしの心は同世代のわが中国の女に対する誇りに満ちあふれる。

この世代の中国女性界の選良は、ひとりではなく、ひと群れなのだ。温和と謙譲のうちに自主自立の土性骨を秘めている――そこには名利を求めず権勢を恐れぬ歴代の中国女性の伝統が脈打っている。彼女たちは苦難に満ちた歳月を越えてきた。現代の平凡な中国女性の人生経験をくぐってきた。七転び八起きの刻苦奮闘を通ってきた。それでもなお女性特有の共感と気概を失わず、選択を許さぬ政治圧力のもとで黙々と自己の選択をしつづけた。このような女性の世代がいるかぎり、天が落ちてこられるだろうか。

（1）八九年春、北京の学生を中心として民主化を求める大衆運動が勃発したが、政府は暴動と規定し、六月四日、軍隊により鎮圧、多くの死傷者を出した。いわゆる天安門事件である。中心的な活動家は逮捕されたり亡命したりし、国内では厳しい思想引き締めが行われた。中国政府は一連の民主化運動を反革命暴動ときめつけた。そのため、九〇年代を通して、中国国内ではこの事件について公に言及することはタブーとなっている。

（2）『中国婦女報』は全国婦女連の機関紙。この記事は、一九三〇年代から女性活動家だった羅瓊による「民主主義時期の女性運動の歴史をして現在に語らしめよ」という談話。

第一一章　学者の度量

わたしはいつのまに学者と呼ばれるようになったのだろう。三〇年あまり、わたしの履歴書には学生、知識青年、労働者、教師などと記されてきた。今では人から学者とか教授とか呼ばれるようになったけれど、わたしはやはりわたし、わが道を行くことも、徹底して悪を憎むことも相変わらずだ。

学者の身分についてまじめに考えたのは、一九九〇年の初めだった。ある人がわたしに忠告して、学者の身分を受け入れると同時に、政治的圧力を黙って受け入れるようにといった。『中国婦女報』にわたしを批判する談話が掲載されたとき、わたしは「公開書簡」を書いて反論した。数日後、北京から電話があった。わたしにとっては姉のような友人からだった。
「小江、あなたのやりかたはまずいわよ。老太太《おばあさま》と同じレベルでやりあうことはないでしょう」
「思い違いはあなたのほうよ。彼女は高官、わたしは一般人」
「でもあなたは学者でしょ、学者の度量というものがなければ」

中国において、人に政治的なレッテルを貼るのは小さなことではない。とりわけ特定の政治状況において特定の権力をもつ人々の手に落ちた場合には、不運は免れようがない。

このような状況において、真に同情心を持ち公平な立場をとる人なら、権力者のところへ行ってどうか手加減をと勧告するべきだろう。ところがなぜか、逆にわたしが勧告された。

理由は簡単、どうやら世間の掟というものらしい。権力者に批判されたものは、批判を受ける義務があるだけなのだ。権力を持たないことは、真理を手にしていないという意味になりうるのだ。馬寅初《マインチュ》(1)は無数の事件の一例にすぎない。

どういうわけか、権力者は自信満々で自分が真理を手にしていると確信をもつことができる。権力を持つと同時に他を批判する権利も手にする。あきらかに、このような批判は真理の探索ではなく、異分子の排除である。

わたしにはわかっている。数十年来一枚岩だった女性界にとって、わたしは異分子なのだ。その裏の秘密が読めているので、わたしはこれまで批判されてもほとんど気にしなかった。権力による干渉のないふつうの討論の中でなら、だれかがわたしを罵っても、わたしは黙っていられる。

でも、こんどは違った。こんどの批判はふつうの討論ではない。「異分子排除」は、あまりに多くのものを排除することを意味している。もし黙っていたら、暴風雨は無言のうちに傍若無人に、あまりに多くのものを妨げられることなく洗い流してしまったことだろう――それらのために、わたしたちの世代の女たちがどれだけの勇気と心血と努力を注ぎ込んできたことか！

この世代の女のひとりとして、わたしは自分の反応をしないわけにはいかなかった。このような反応は、まともな人間ならしないではいられないものだ。それは、頭に鳥の糞が落ちてきたら手をあげて拭うのと同じように自然なことだ。

中国では、「秀才〔読書人〕は兵士に対して、道理があっても通じない」という。秀才の武器は口ひとつ筆一本、武器に対抗できはしない。雲を霞と逃げ去れば、まだしも「秀才の器量」と美名を残すこともできる。

もしもこれが「学者の度量」なら、わたしは永遠に学者にはならない。兵士のほうがまだましだし、ヤクザだってかまわない。槍や鉄砲があれば、少なくとも反撃できる。ヤクザに対しては多少のヤクザっ気で対抗してもいいではないか。恥じることなく、いなせに生きる。暴圧のもとで、たいせつなのは人格だ。人としての尊厳を守るのは、昔から人格の出発点だ。人格を蹂躙され、尊厳を踏みつけにされて、秀才の器量や学者の度量もないものだ。学者の度量とは、怯懦や逃避、とりわけ権勢のもとでの逃避とは縁もゆかりもないとわたしは思う。

学者の度量は真理追求の過程で発揮されるべきものだ。それは寛大で懐が大きく、自分の意見を堅持するが、自分の意見に固執しないことだ。真理を守ることには勇敢だが、異端邪説に対しても寛容になりうることだ。

人の生き方として、寛容とは懐の大きいことであり、歴史家のヴァン・ルーンが礼賛したあの寛容である。それは卑怯とは無縁のものだ。ただし、度量が大きいといっても、デマ、偽善、奴役、詐欺にまで寛容になるとすれば、もはや美徳ではなくて罪悪だ。

わたしは、学者の度量には限度があると思っている。一面では寛大で懐が大きく、他の一面では徹底して悪を憎む。目の中の砂にがまんができないように、誤りに寛容ではいられない。偽の真理を受け入れることはできない。とりわけ、偽の真理が権勢をかさに着て人を抹殺しようとするときに、平然としていられる人は、学者などではなくて、学者の皮をかぶった卑怯者にすぎない。

ひとりの人間としての勇気を欠いた学者の度量は、正真正銘の偽善である。

わたしは偽善をもっとも憎む。すべてを許すことができても、偽善だけは許せない。

どんな人間になることもできるが、偽善と道連れの偽学者にだけはなることができない。

（1）馬寅初は経済学者・元北京大学学長で、一九五〇年代に人口抑制政策を主張したが、彼の提言は毛沢東に受けいれられず、右派として批判された。その結果人口は増加し、のちに「一人を誤って批判し、三億ふやした」といわれる。

第一二章　女権と人権

八九年の学生運動以後、人々は大きな挫折を体験した。半年のあいだ、社会科学の領域はシンと静まりかえり、目にとまるような学術活動は皆無だった。わたしたちはこのような情勢下で国際女性研究会議を主催した。これがどんなに難しいことだったか想像してほしい。まるで綱渡りか、薄氷の上を歩くようだった。

各界で名を知られた女性で、会議のことを知った人たちは、都合のつくかぎり参加した。一つには長いあいだ待っていたからで、みんな前から女性界の大集合を望んでいたのだ。二つには、陰鬱な重苦しい空気に隙間をあけて、首を伸ばして新鮮な空気をすこしでも吸い込みたかったからだ。

少し名を知られたある女性作家は、わたしたちがわざわざ招いたのに応じなかった。その理由は、ある省の政治協商会議に出席しなければならないからだという。彼女によれば、このような会議は、政治に参加し政治を論じるものだ。しかし、わたしは次の一句に目が止まった。

「今年は世事が混乱し、女性の問題にまでかまけていられません」

ああ、女よ！

そのじつ、世事が乱れようが安定しようが、この種の言葉はいつも耳にしてきた。大革命の中では、女権だなどと騒ぐなといわれた。革命が勝利すれば、女性は自然に解放される――そこで女性は革命に身を投じ、女であることをやめて革命人になるしかなかった。革命が失敗すれば、なおさら女のことなぞ口に出せない。人権がないのに、なにが女権だ――こう言われては、女は頼みの綱もない。意識の高い者は、もちろん革命に身を捧げつづけ、意識の低い者は、またもや男に頼るしかない。

これまでわたしたちは、号令のもとに何度も身を捧げてきた。近代以来、中国女性の絶えざる献身の歴史が記録されている。革命に身を捧げ、戦争に身を捧げ、社会に身を捧げ――ひとたび革命や戦争や社会から投げ出されると、またもや男に頼るほかはない。

行ったり来たりくりかえし痛い目にあえば、愚か者にもわかってくる。いわゆる「人権」は、やはり男権至上なのだと。

さいわいに、このようなくりかえしと右往左往が、わたしたちの世代の女たちの女性意識を目覚めさせた。

もしも女がたしかに男と平等な人なのなら、女権運動《フェミニズム》はすなわち人権運動ではないだろうか。

上の世代の女性たちの人生経験は、こんな立派な言葉に凝縮されている。

「まず人であれ、次に女であれ！」

まずどんな人であれというのだろう。男性中心の社会においては、男が天下を統治しており、人であるとは男と同様の人であることにほかならない。そのような情勢下では、まず人権を争い、つぎに女権を争うことが理の当然だった。あいかわらず女を軽視している人権運動に、女も当然全力投球すべきだとされた。

いまや状況は変わった。

わが世代の女たちの女性意識と自我意識が同時に目覚めたとき、この太平の栄えた世に、女性問題ばかり目立つことに気がついた。まるで人権運動の余波であるかのように。またひっそりと声もない政治的停滞の中で、女だけが沈黙に甘んじず、日々の暮らしの中で人心の鼓動を把握していた。まるで人権運動の先駆けであるかのように。

民主的政治のもとであれ専制のもとであれ、必ず日々の暮らしを営む人は存在し、日は落ち日は昇り、カマドの煙は立ちのぼる。共和制であれ帝制であれ、議会を排除し、言論の自由を圧殺することはできるが、衣食住の営みを圧殺することはできないだろう。

衣食住の営み、日々の暮らしは豊かな人間性を育み、それゆえ豊かな人権の根を張らせる――そのような人権こそ、女の権利と一体になるものだ。こうした、生への執着、人類の生存方式改善の追求、女性の尊重と称揚を抜きにした人権は空洞であり、専制政治の変種である。

空洞の人権は女とは無縁であり、権力のもとにいるすべての普通の人と無縁である。なぜなら女の政治は平民の政治であり、求めるのは生きる権利、人生の自由と発展の権利であるからだ。

一九八九年末、血の記憶はまだ薄れていなかった。

香港で、ある会食の席にいた。両側に座っているのは、台湾と香港の友人、みな標準中国語を話し、おまけにみな兎年だったので、ことのほか親しみをおぼえた。同い年で、違う社会制度からやってきて、同じように聡明で同じように自信にあふれている——しかしそれぞれの自信の根底にあるのは、けっして同じ兎年の女だという理由ではないことは、すぐにはっきりわかった。

みんな女性会議の参加者だった。台湾から来た女性弁護士はとうとうと語った。人権についてだ。

彼女は、わたしたちが大陸で専門的な女性研究を発展させることができ、しかも女性の権利について平気で論じることができるのを不思議がった。彼女は率直にわたしに尋ねた。

「大陸には人権と自由はこれっぽっちもないのに、どんな女権があるというの？」

わたしはこの種の抽象的な人権概念がもっとも怖い。これまでこの種の概念を使ったことがない。それは獄につながれて大英雄となるのが怖いからではなくて、不適当な使い方をして神聖な語を汚すことを恐れるからだ。

「想像できますか。大陸には五億の女が暮らしているのを」と、わたしはいった。

「え、五億？」彼女はまるで初めてその数字を聞いたかのようだった。

ひとつの数字が一座を沈黙させた。わたし、彼女、周囲の人たち。

この驚くべき膨大な数字がわたしの自信の根拠だと、わたしはあえて言わなかった。多くの女がいることは多くの人権と女権があることだとも、あえて言わなかった。ただ、「大陸」と称される土地の上に、いま一一億人〔九〇年代半ばには一二億を突破した〕が生活しており、その中に少なくとも五億の女性がいることを確信しているだけだ。いかなる政治状況、経済条件のもとでも、彼女たちは生活し、産み育て、労働する。苦痛があり、喜びもある。ただ苦痛だけ、抑圧だけ、流血だけであったなら、彼女たちはとっくに死に絶えているだろう——どっこい彼女たちは生きている。

その五億の女たちはどんな人たちだろう。彼女たちは百年の戦争の硝煙をくぐってここまできた。半世紀にわたって絶え間なく吹き荒れた政治の風雨にさらされてきた。飢餓と貧困と労苦に耐えてきた。それでいて、こんなにも壮健で落ちついて肝が据わっている。彼女たちはいかに生活し、いかに働いているのか。なにに苦しみ、なにを笑うのか。まさか関心を寄せるに値せず、研究するに値しないとはいえないだろう。これらすべてを、ひとつの「人権」あるいは「女権」という言葉で包括できるだろうか。

わたしの自信は、わたしが彼女たちの中にいることからきている。わたしは、彼女たちには彼女たち自身の希望があり誇りがあることを知っている。いかなる逆境にあっても、三年間の自然災害、十年間の政治的暴虐〔文化大革命〕のなかでも、彼女たちはくじけなかったし、希望を失いはしなかった。

わたしには彼女たちのことがわかりすぎる。なぜなら彼女たちのひとりなのだから。わたしにとって、彼女たちに向きあうことは、中国の歴史、中国の社会、中国の未来に向き合うことだ。わたしの心の中では、彼女たちの存在そのものがあらゆる政治より上にある。その政治が専制的であると民主的であるとを問わず、社会主義であると資本主義であるとを問わず。女性のいかなる人権を切り捨てることも、中国女性のいかなる女権を放棄することも、わたしには理解できないし、興味も感じない。

わたしは自分が偏狭だとわかっている。

不思議なことに、かの女性弁護士は結局わたしに同意した。

第一三章　端材

日常生活の中で、政治生活の中で、女はどんな位置を占め、どんな影響を及ぼしているかということは、ずっとあいまいなままだった。女は重要だと口では論じる。しかし、タテマエとホンネは同じではない。

日常生活の中に、女は遍在している、まるで衣食住の影のように――けれどもただ影なのだ。差し出された服を着、口を開けて飯を待ち、日が出れば行動し、日が落ちれば休むというふうに、衣食住の楽しみを享受しながら、女を徹底的に軽視し、ひいては忘れ去ることができる。

女なしには生命はなく、人類の継続はない――この陳腐なせりふには耳にたこができた。

女は水や空気のようなものだから、十分に享受できるが重視する必要はない。それこそまさに女の長所、大自然の中の水と空気のごとく、無料であり、したがって無償である。あるいは、日常生活に遍在するという女のこのありかたが、政治生活における女の位置を決定したのかもしれない。大役が割り当てられる場にも女は常にいる。ただし、端材として。人類という材料をだれがデザインし割り振りしたのか知らないが、その主要な部分に大役が割り当てられる、それらはみな社会の、政治の、男のものだ。残りの端材は個人に、女に、お楽しみにとっておく。

これは歴史の中に伝えられた単なる神話ではない。

当世では、女に大役が割り振られるようになった。しかし、女の存在と女の問題は相変わらず端っこなのだ。

たとえば欧米では、二回の世界大戦中、男が戦場に行って生産ポストに空きができると、だれも女性解放を叫んだわけではないのに、多くの女性が社会に出て空席を埋めた。主要な材料が欠乏すれば臨時に端材が用いられ、社会という機械は常と変わらず回転する。

戦争が終わって男が故郷に帰り、主要材料が豊富になると、端材はまたもや片隅に追いやられる。さあ、女は家に帰れ、お払い箱だ。聞こえのいい言葉を使うなら、「労働力予備市場」入りである。

中国でも同じことだ。

人民戦争の時、女も人民だった。たとえば抗日戦争のとき、河北省中部では強健な農民の男は国民党の徴兵に引っかかるか、八路軍に参加するか、みんな兵士になってしまった。それからは女たちが天地を支えてきた。戦争が終わり、男たちが帰ってくると、たちまち女の威風は失せて、昔ながらの女房、嫁、母ちゃん、娘っこの定めに従った。彼女たちは「女性解放」の行われた国土でかえって小さくなり、貧しい者よりさらに貧しく、愚かな者よりさらに愚かになった。

解放後の大躍進も、もうひとつの人民戦争であり、もうひとつの女性の転身だった。人手が必要なときには、つねに女がそこにいる。そして今、経済改革の中で、社会は前進しなければならぬ、経済効率が重要だといわれる。すみませんが女のひとたち、ひとまず家に帰ってくださるのが一番いい。これも少し聞こえのいい言葉では「リストラ」という。

こんなことをいうと不平不満に聞こえるかもしれないが、そうではない。これは史実であり、事実である。

この話をするには思想的準備が必要だ。女が使われるのはいつも端材の出番になったときだというのなら、女性研究の運命の行く先もろくなことはない。

人を咎めることはできない。人々の生活は苦しく、自分の家も治めきれないのだから。

しかし人は、結局もどって故郷を再建したいと望むものだ。

わたしは、人類の精神の故郷を再建する主力軍は女性だと信じている――彼女たちは二一世紀の主人公だ。

第一四章　女性界の大集合

数年来、女性の運命に関心をもち女性研究に熱意を注ぐ人はますますふえてきた。わたしは毎日のように未知の友人から手紙をもらう。連絡をとり、交流をしたいというのだ。中にはいっしょに仕事をしたいとやってくる人まである。

彼女たちはなぜわたしに手紙をよこすのだろう。なぜわたしたちの省〔河南省〕のような遅れたところへ来たいというのだろう。それは、わたしたちが女性のためにやってきた仕事が、すでにたくさんの女性たちの共感を得ていることを示している。この現象に励まされると同時に、不安にもなる。

手紙の中から、ふたつの問題がはっきりみてとれる。

ひとつは、専門分野同士の隔絶だ。たとえば、歴史的視点から女性研究に切り込もうとする人は、現実生活の中の女性問題にうといことがある。外国の結婚、家庭、女性問題を研究するものは、中国女性の現状をよく知らない。

もうひとつは、研究者同士の隔絶だ。たとえば女性史研究は、このところ国内でかなりの人が携わっており、北京だけでも少なくないのに、互いに相手のことを知らず、連絡や交流がほとんどない。

女性研究は、高いレベルの総合的な人文科学の一部門である。このような相互の隔絶、孤軍奮闘が、中国における女性研究の発展にマイナスであるのは明らかだ。それと同時に、わたし自身も日に日に負担が重くなってきた。たくさんの返信と拒みきれない訪問に多くの時間をとられて、全力投球すべき仕事に集中できない。そこで、ずいぶん前から、機会があったらみんなを集めて互いに知りあわせたいと思っていた。それと同時に各界各層の女性の状況の調査報告を持ち寄って、みんなで中国女性の現状を知り、女性の群体《グループ》意識を強めたいと考えた。

一九八八年末、カナダ大使館がわたしの活動に資金援助を申し出てくれたときに、わたしはすぐそんな会議の開催を思いたった。

会議の開催はじっさい容易ではなかった。当時の経済、政治の行きづまりは、これまで最悪の状況というべきだった。いかなる会議の主催者も、それらの圧力のどれか一つに直面しただけで、二の足を踏まずにはいられなかったろう。あんな多くの困難があることを予知していたら、軽はずみに動き出すようなことは絶対にしなかっただろう。

まず経費の問題があった。一九八八年以後、教育予算は急激に縮小された。大きな国際会議を主催するなどもってのほか、個人が会議に出席するための経費も学校から出なくなった。カナダからの援助の申し出は望外の喜びだった。わたしはずっとこの貧しい国の特に豊かではない家庭で暮らしてきたが、貧困による窮迫と経済のもつ大きな力を実感したのは初めてだった。

好事魔多し。

初めはすべてが順調だった。もともとは一九八九年の五月に開催する予定で、四月には経費をもらえるはずだった。しかし八九年の学生運動と「六四」〔天安門〕事件のおかげで、西側の一部の国は中国制裁を決定し、わたしたちも巻き添えをくった。五月以後、カナダからは音沙汰がなくなった。わたしたちもその金と会議について、もはや幻想は抱かなかった。

意外にも、一〇月になってとつぜん手紙と電話をもらい、一一月末に協約に調印、経費を受け取った。当時の国内情勢のもとで、だれが会議を開く気になるだろう。わたしはなんとか期日を延ばして、翌年春も暖かくなってから牡丹の花見でもかねて開こうと考えた。ところが、八九年度の援助金はカナダでは三月末が決算なので、どうしても四月一日より前に決算報告を出せという。

わたしは開催日を四月一九日から三月一九日に変えざるを得なかった。なんといっても金と機会は、簡単に手にはいるものではない。

ひきつづき国内の政治的圧力がかかってきた。会議開催申請のわずらわしい手続きと審査過程はまあいいとしよう。いくら複雑だとしても、それが常態なのだから。さらに根拠もなく「ブルジョア階級自由化」というレッテルが貼られた。それは一二月二五日、『中国婦女報』がある女性界の権威の談話を掲載したことによるものだった。

もしも会議の順調な開催を望みつづけていたならば、最良の選択は沈黙であり、是非を明らかにしようと騒ぐべきではなかった。

しかしわたしは沈黙せずに、あの「公開書簡」を送った。

老太太《おばあさま》は烈火のごとく怒った。武器を手に取り、四方八方に向かって長年蓄積した威信とあらゆる政治的コネを動員し、会議を抹殺しようと動きだした。わたしに関する「資料」は中央宣伝部部長の机に送られ、大批判の文章がつぎつぎと新聞雑誌に送られたが、惜しいことに反応はなかった。中央党代表会議の席で、全国婦女連主席は河南省党委員会書記をつかまえて「挨拶した」。それにもかかわらず会議は予定通りに開かれた。——時代はたしかに変わった。高い権力がすべてを意味するわけではなくなったのだ。

できるのは一線を画すことだけだった。全国婦女連は内部通知を出して、組織内部の人間が会議に参加することを一律に禁止した。そのため、国内で空前の規模となったこの学界女性界の大集合に、全国婦女連の代表だけが参加しなかった。わたしたちが「招待状を出さなかった」のではないことを、ここで明言しておくべきだろう。

このような情勢下で会議を開くには勇気が必要だが、会議を成功させるにはテクニックが必要だ。わたしたちは勇気と同時に、中国で何かを成し遂げるためのテクニックも十分もちあわせていた。

会議の前に、わたしは長い長い「感謝の言葉」を述べた。

「まずわたしは、この会議に参加したすべての友人に感謝し、台湾、香港女性界の仲間、外国の研究者たちに感謝いたします。早春とはいえまだ寒いこの時期に、中国の女性解放と女性研究のために、千里万里をものともせず、多忙な時間をさいてこの会議に参加してくださったのですから。最初の計画では参加者は六〇人でした。わたしたちが人数を制限すると再三いったにもかかわらず、現在の人数は大幅に超過しています。女性研究に対するみなさんの情熱がそこに表れているのです。

さらに、わたしは会議参加者全員を代表して、この討論会の開催に心血を注ぎ、全力で支持してくださった各界の方たちに感謝いたします。鄭州大学の学長をはじめ男性でありながら女性研究に理解と支持を与えてくださった上司たちに感謝いたします。車得基《チェデジ》学長は化学が専門で、数年前ならこんな会議に参加することは想像もできませんでした。ところが今、わたしのそばに座って、わたしたちへの支持を示してくださっています。張珩《チャンハン》副学長は中国文学科の主任であり、その直接の努力のおかげで鄭州大学女性研究センターが成立したのです。

また、わたしは河南省婦女連合会、婦女幹部学校および『婦女生活』雑誌社の指導部と全てのメンバーに感謝いたします。数年来、わたしたちは互いに助け合い、無言のうちに心を合わせてわが河南省の女性理論研究のために全力を尽くしてきました。とりわけわたしは河南省婦女連主任の楊碧如《ヤンビィルウ》同志に感謝いたします。彼女は長い間わたしの仕事に援助と信頼をよせ、この会議開催にあたっては、無私の、このうえなく貴重な政治上の支持を与えてくださいました。その信頼と支持なくしては、この会議の順調な開催は難しかったでしょう。

そのほかに、会議には参加していないが会議のために多くの仕事をしてくださった方たちにも感謝いたします。省教育委員会と省社会科学院の支持に感謝し、鄭州大学科学研究所と外事課が手続きに奔走してくださったことに感謝し、河南省婦女幹部学校から提供されたあらゆる援助に感謝し、河南省放送テレビニュースセンターがわたしたちの仕事を適時に報道宣伝してくださったことに感謝します。最後に駐華カナダ大使館と商恵民《シャンホイミン》女史が提供してくださった付帯条件なしの経済援助にとりわけ感謝します。これは中国とカナダの女性界と女性研究の協力交流を促進するうえでたいへん役に立ったといえます」

いまここに「謝辞」を記録するのは、感謝の意をあらわすためだけでなく、この中から会議の背後にあった多くの妨害と多くの努力、多方面からの圧力と多くの人の支持や参加を読みとってほしいからだ。これこそ中国でなにか事を成すときに、あるいは成し遂げるときに逃れることのできない社会的背景と、必ず備えなければならない社会的条件なのである。

会議は大成功だった。

これはあきらかに中国女性学術界における一大会議だった。参加者は一五〇人を超え、全国二六の省・市・自治区におよび、学術界、教育界、文化芸術界、報道出版界、女性学界、各地域の婦女連系組織にわたっていた。中国と外国の研究者と実務従事者たちが、中国の各地・各階層・少数民族の女性の現状を報告し討論した。厳密な科学的態度と、事実によって真実を究める精神で、哲学、歴史学、法学、社会学、人口学、民族学、人類学、性科学および女性に関する実際活動の視点から、中国女性に対して大がかりな比較研究をおこなった。情報を交流し、視野を広げ、学術分野間の隔絶と各界の閉鎖状況を打ち破り、長期にわたった研究者の孤軍奮闘に終止符を打った。

　会議中、わたしは北京の何人かの友人に、わたしのかわりに会議の運営をしてもらった。その顔ぶれは、雑誌『求是』編集者の劉今秀《リウチンシウ》、『青年参考』編集長の梁平《リャンピン》、『中国社会科学』副編集長の孟憲範《モンシエンファン》、同編集者の馮小双《フォンシャオシュワン》、中央人民放送局の記者汪永晨《ワンヨンチェン》、北京外語学院助教授の呉青《ウチン》だった。彼女たちは汽車から降りるやいなや緊張した仕事に身を投じ、毎夜原稿を検討し、発言者をわりふり、会議の雰囲気を真剣で活発で情熱あふれるものにした。夜には自発的に名乗り出てサロンを主催する研究者があらわれた。大会議室にはいつもいくつかのグループができて、毎回深夜あるいは明け方まで熱心な討論をくりひろげた。もっとも感銘を与えたのは史学界の研究者たちで、男女半々の人たちが毎晩いっしょに、女性史の前途や教育計画について真剣な討論を続けていた。

　わたしはどのグループにも参加せず、みんなを邪魔しないように、そっと人々を避けて動いた。けれどもこれらのすべては私の目に入り、わたしの胸の波紋は感動を受けるごとに強くなった。わたしはこのような友を誇りに思った。わたしは、これまで互いを知らなかったこれらの友人たちが、これから知りあい、理解しあってほしいと思った。わたしは彼女たちをわかっていた。彼女たちはちがう個性、ちがう好み、ちがう志向をもっている。ものの見方がまるでちがう人たちもいるし、中には気のあわない同士さえいる。しかしここでは、みんなが口には出さずになにかを守ろうとするかのように、個人的な差異や私見はひっこめて、めったにないような理解、寛容、度量の広さを見せた。

わたしは大会では発言しなかった。時間を惜しんで他の人に発言させた。しかしわたしは心の中に、口に出すよりももっと広々とした空間を得ることができた。会議が終わる前に、わたしはとても短い総括をした。

「……この討論会は中国女性研究界における一大会議でした。大陸、台湾、香港の女性界の仲間がついに席を共にしたのです。長年にわたって隔てられていましたが、会えばたちまち旧知のごとく、姉妹のような気持です。私たちはあわただしく集まり、またあわただしく別れていきます。お互いの心は惜別の情に満たされています……」

こう言ったとき、とつぜん心からほとばしり出た激流が、喉をふさいでしまった。三日間、いや、十年あるいはさらに長い間たまっていたものが、いっぺんにほとばしり出たのだった。わたしはむせび、言葉が出なくなった。沈黙——十秒間、十分間、あるいは一世紀だったかもしれない。会場は静まりかえった。続いて、割れるような拍手が起こった。

会議は拍手と談笑のうちに幕を閉じた。何人かの国外の友人がよってきて、しっかりとわたしの肩を抱いた。目には涙があった。

たちまち、わたしの心は軽やかになった。それは会議が無事に終わったからだけではなく、ひとつの願い事が叶ったからだけでもなかった。それよりも、わたしははっきりと、中国女性研究の道に、新しい段階が始まったことを意識したからだった。

第一五章　「完璧」と「中庸」

女性研究に従事していることで、特別な角度から評価を受けることがある。「半分学者、半分怪物」である第三の性とみられることもあれば、うがった評価を受けることもある。奇妙なことに、うがった評価もはっきり二つに分かれる。

古い一派による糾弾は、すでに明文化され、いまや筆によって人を告訴しかねない。わたしを「異端」とみなし、「ブルジョア階級自由化」と排斥するとともに、わたしを「邪悪」で「罪作り」な「中国女性をフェミニズムの道に引きずり込もうとする」極端な過激派だとみなしている。

ところが、最近外国留学から帰国した若い女性研究者からは、わたしはあまりに中庸で、保守に近いとみられている。彼女たちの中には、わたしに直接たずねた人もいる。「婦女研究叢書」には、どうしてあんなに多くの男性研究者を参加させたんですか、なぜ西方で発展しているフェミニズム批評の方法によって中国の伝統文化を脱構築しないのですか、と。

わたしの同世代の女性たちは、たいていわたしのことを完璧だと認めてくれる。「信じられないほど完璧」だと。女性同士の誉め言葉はなかなか得難いものなので、わたしはそれを珍重している。けれどもその「完璧」という言葉には、わたしたちの世代の女性たちの多元的な生活と、飽くことのない多様な欲求が含まれていることを、わたしはよく知っている。

現代人の語感では、「中庸」はややマイナスの意味を持っており、「完璧」とはほど遠い概念である。しかしわたしはそこに多くの相通じるものがあると思っている。もしどちらかを選ぶとすれば、むしろ「中庸」を選びたい。

この中国という土地では、「中庸」の道はすでに人々の皮膚に深く浸透し、わたしの骨の髄にも浸透している。わたしはいつも、「中庸」は単なる処世哲学ではなくて宇宙観の一種であり、「天人合一」という宇宙観がふつうの人生に体現されたものだと考えている。

この土地では、女性の伝統はずっと昔から中国伝統文化の中に深く浸透し、中国主流文化の女性的特質を構成している。「汝のなかに我あり」、一介の「フェミニズム」が太刀打ちできるものではない。女性文化を再建する前に、わたしたちはまず伝統をはっきりと見直さなければならない。女性の経験を引きはがすときに、骨を傷つけないように気をつけなければならない。骨と肉は、唇と歯が依存しあっているようにつながっており、骨を傷つければ自分も傷つく。

わたしたちの世代のすこしでも自覚のある女性は、ほとんどみな伝統から自分を引きはがそうとした。そしてそれぞれみな骨を傷つけ、満身創痍で伝統に戻り、中庸に変身した。けっして完璧ではないのだ。

「完璧」と「中庸」の、どちらが是でどちらが非か。是非のつけようがないとわたしは思う。

人は「論議して真理に到達する」という。わたしはそれを信じない。文化大革命が残してくれた重要な体験（あるいは教訓）の一つは、「永遠に論じない」ということだ。

議論は自然科学の領域では有用かもしれない。主観的な要素が除かれ、人々が用いる概念、基準、定義、内包が完全に同じであれば、論じれば論じるほど道理は明らかになるだろう。もちろん、論争するまでもなく、ひとつの事実が一万の言論にまさることもある。

人文科学ではそうはいかない。真理を探究するといっても、探索者の立脚点と追求する目標に天地の差があるかもしれないのだから。舅姑にはそれぞれの理屈があり、「反論できない事実」を持ち出してくる。鉄の証拠が山のようにあっても、人を信服させるに足りない。ましてや時として政治的圧力や権力の干渉があるとすれば、「言う」ことが何の役に立つだろうか。

かりに目標が同じだとしよう。たとえば共に山あいの古寺を訪ねることにする。山麓に住む人は、そこは「高い」といい、登って行くだろう。ところが山頂に立っている人は、そこは「低い」といい、下って行くしかない。あきらかに、出発点が違えば、問題を観察する角度は違い、たとえ目標が一致しても、結論や行動が一致するとは限らない。それがどうして議論によって一致を求められるだろうか。

わたしは、それぞれの世代はみなその運命と責任を持っていると考える。責任感があろうがなかろうが、運命は逃れられない。上の世代の人たちは、血と火の戦争の中で自分の青春を鍛えあげた。わたしたちが望んでも得られないものだ。わたしたちの世代の女性は、隙間の中に生を求めるよう運命づけられている。反伝統の大時代の中で伝統――すなわち骨と肉のようにわかちがたい家庭、夫、子供、そしていまだに変わらぬ男性中心の社会観念を背負っていくように。わたしたちは変わった。もはや上の世代と同じではない。しかし、変わりつつあるわたしたちは、依然として伝統の中にどっぷり浸かっており、伝統を背負って新しい活路を探し求めなければならない。牛のように重い荷を負い、足どりはおぼつかない。

だからわたしは、それぞれの世代、ひいてはそれぞれの個人が、自己の目標をはっきり定め、ひたすらわが道を行くべきだと思う。ただし、わが道を行くからには、他の選択をして違う道を行く人を理解し尊重することも学ばなければならない。

そういうわけで、わたしを批判しわたしを憎む先人たちに対しても、腹を立てない。同様に、切っ先鋭い後輩たちとも論争しない。わたしは「栄光は必ず未来にある」などと心にもないことは言わない。それぞれの世代にはそれぞれ自分の栄光があり、超越も代替もできないのだ。次の世代の人たちは疑いなくもっと軽やかで進んだ生活ができるだろうが、それにはわたしたちの肩の上から出発しなければならない——それこそがわたしたちの世代の栄光だ。

わたしたちは完璧であることはできない。完璧であるためにあまりに多くの代償を払うとしたら、その「完璧」は残骸であり、いちど割れて継ぎなおした花瓶なのだ。

伝統と変革に挟み撃ちにされ、個人と社会、家庭と仕事、自我と母性の間にあって、わたしたちは「中庸」にならざるを得ない——あるいはこれが、わたしたちが世界に捧げる「完璧」なのかもしれない。

たくさんの粉々になった夢の中から、ひとつの完全な人生を拾いあげようとする。わたしたちの世代の女性は、そのためにすでに全力を尽くした。後に続く人たちが、美しい夢の中から完璧な人生に向かっていくことを願っている。

でも、圧力のない人生は完璧だろうか。わたしは疑問に思っている。

第一六章　女性と一体化する

「あなたは何と一体化しているの？」

文学研究者の孟悦《モンユエ》がこう尋ねた。わたしに一本お返しというわけだ。

一九九〇年四月二一日、北京大学比較文学研究所から招かれて、午前は講演、午後は懇談をおこなった。懇談の中で、西方の学問の東方進出と、土着化の問題に話がおよんだ。米国で学んで帰ってきたZ博士が自分のとまどいについて語った。西方の学術思想と中国社会の現状の間をさまよっていて、結局どちらに一体化していいのかわからないというのだ。彼女はわたしの意見を求めた。

人はある学説あるいはある社会と完全に一体化することはできない、できないだけでなく、その必要もないというのがわたしの考えだ。人はただ生命と一体化し、生活の中で自分が属する場と一体化する。つまり一体化は一種の創造であり、自己の生命の創造なのだ。既成のモデルの中で探そうとすれば、さまようしかないし、その中で生命をすりへらしてしまう。

話題はたちまち遠くへそれていったが、孟悦だけはこっそり一言はさんだ。

「あなたは何と一体化しているの？　知りたいわ」

わたしは笑って答えを避けたかった。その質問は、人に告げたくない意図と、自分にしかわからない密かな痛みに触れるものだったから。

残念ながら、個人の生活と仕事はしだいしだいに公衆のものになり、私事を隠すことも難しくなった。おまけにこの場合、率直な対話の中だったので、沈黙することはできなかった。

「わたしは女性と一体化してるわ」というのがわたしの答えだった。

わたしは孟悦に感謝しなければならない。彼女はわたしに真剣に自分の来た道を振り返るようしむけたのだから。

わたしはかつて男性と同一化しようとした。まだ年端のいかないころのことだ。しかしその後の生活は、わたしに完全に男と違う道を指し示し、わたしを見捨てた。わたしはまた社会と一体化しようとした。それは青年時代のすべてで、それによってたくさんの苦痛と喜びとがわたしの心の奥深く刻み込まれた。わたしは昔から今に至るまでの社会に、全身全霊をあげて身を投じようとした。しかし、社会の歴史の中には女はおらず、それはわたしの根を絶ってしまった。わたしは性別や国籍を超えた、大文字で書かれた「人」と一体化しようとした。しかし、昔からずっと「人」の持つ意味の中で女は軽視されてきた。ちょうど西方の人の観念の中で東方がずっと軽視されてきたように。わたしは追いつめられてこうなった。

「女と一体化する、中国の女と一体化する」

目下の状況では、政治情勢と経済発展の制約によって、中国女性のためになにかするには、主として二つの道を選ぶしかない。ひとつは教育、ひとつは研究。おそらく教育は研究よりさらに切迫した現実的な道だろう。けれどもわたしは研究を選んだ。わたしは教育界にいるけれど、心は「未知」に誘惑されてうろついている。わたしは教壇を尊重するが、言葉の反復に耐えられない、とりわけ自分自身の反復に。そこで、ほかに選択の余地はない。

「わたしは中国女性研究と一体化する」

女性研究もその他の人文科学と同じように、二つの基本発展の方向がある。第一の方向は現実に向かい、応用科学として現実に奉仕する。第二の方向は理論研究で、基礎科学となる。

どちらも同じように重要だ。どちらを選ぶべきだろう。選択の動機としては、社会の需要より自分の興味のほうが強い。わたしは自分の欠陥をよく知っている。喧噪を恐れ、競争を嫌うのだ。めまぐるしい動きを止めない現実生活の中で、わたしはしばしば急に身を引く――自分の殻に引きこもり、殻の中に安らいで、根を尋ね源に遡る静けさに身をひたす。だからわたしには、これしかない。

「中国女性文化研究と一体化する」

限定が多くなればなるほど、範囲は狭くなる。はっきり見えるほどに小さくなり、足元の一歩を踏み出す起点となる。この「有限」から出発することによってのみ、創造の中で無限に向かうことができるのだ。

一八歳のころ、社会の最下層にいる「知識青年」ではあったが、いつか世界を改造できるという幻想を抱いていた。身は山野にあり、手には何もなかった。職業もなく、給料もなく、家庭さえもなかったが、十分に豊かだった。幻想のための時間はやたらにたっぷりあった。

不惑の年も近づいて、やっと気がついた。人の一生は、やろうと思うことがとても多く、できることはほんとうに限られている。思うことの多い人は、なすことは少ないのかもしれない。けれどひとつの夢に執着する人は、ひとつの世界を創造できるかもしれない。

わたしが描いた夢はとても多かった。中国を改造すること、世界を周遊すること、あらゆる未知を探索すること、あらゆる本を読みまくること、ひいては文芸創作に従事すること……これらすべてを、次々にやりたいと思っていた。――三〇年このかたずっとこんなふうに夢を見て、こんなふうにやってきた。つい最近になって、一人が一生にできることは限られており、選択しなければならないことがわかった。

三〇歳の時、わたしは女性研究を選んだ。

一〇年が過ぎ、中国における女性研究は歩み始めた。今後、さらに多くの人がこの道に身を投じ、さらに多くの女性が女性と一体化するだろう。それでは、わたしは?

もはやそれほどゆとりのない年月の中で、わたしは一つのことを成しとげたい。それは「中華女性博物館」の建設だ。

長い間、わたしにはひとつの夢があった。ある日、自分の殻から出て、荷物を背負い、山川田野に向かってもうひとつの楽しみを求め、人々を記録するのだ。わたしはついに文字の鎖を断ち切って、土地に近づき、人生に近づいて、いきいきした生命を記録することを夢見ていた。多くの生命の印によってひとつの碑を築き、ひとつの歴史を再建する――女のためだけではなく、むしろあらゆる人のために、そしてわたし自身のために。

そのほかに、もっと多くのことができれば、わたしは生命に感謝しよう。人生について、わたしにはひとつの格言がある。

「生活を熱愛せよ、けっして意気阻喪せず、けっして恨みを抱かぬこと」

第一七章　なぜ嫉妬がないの？

中国女性学研究者の横顔

香港の冬の夜は秋たけなわの夜のようで、月が明るく星はかすんでいる。

マリア、ユタ、ジェーンとわたしは、中華女性博物館建設の壮大な計画について熱っぽく討論しながら夕食を終えたところだった。気分は高揚していた。

レストランを出て晴れわたった夜空を見ると、とても歌がうたいたくなった。そのときマリアの言葉が、まるで歌のように心に響いた。

「きょうはいい日、わたしの母の誕生日よ。きょう話しあったことはきっと成功するわ」

わたしたちは階段を上っていった。香港中文大学の山腹にある停留所でバスを待った。マリアが突然たずねた。

「李小江、あなたの周囲にはなぜ嫉妬がないの？」

「どうしてそれがわかるの」

「感じたの、そうでしょう」

この一撃にわたしは答えに窮した。考えてみたことがなかったのだ。わたしはくちごもった。

「どうしてかしら、確かにそうね。同僚には男が多くて、女性研究を軽く見ているから、わたしと争う気がないのかもしれない」

「じゃあ女の人は？　あなたの周りにはあんなにたくさん女友達がいるのに」

「そう、そうね、……ほんとにどうしてかしら」

大学の来客宿舎にひとりで帰る道すがら、まじめに考えないわけにはいかなかった。静かな夜、両側は黒々とした大樹が高い垣根のように並んでいる。山の斜面をまっすぐ下りながら、まるで誰かに押されて、一歩一歩と記憶の海の中に落ちていくようだった。

それは、現代中国女性研究という船を浮かべている情にあふれた海である。

ひとたびこの情にあふれた海の水を浴びた者には、この中国という土地が、恨みつらみばかりを生み、つきることなく殺戮しあう戦場だとは思えなくなる。

それでは、嫉妬は？

嫉妬はきっと、人の心の奥にあるのと同じように、海の奥深くに沈んでいるのだ。煉獄の火に焼かれて、内部からの促進力に姿を変え、わたしたちの友情と団結を促進する――これこそが腐朽を神秘に変える魔術なのだ。

信じないというのなら、わたしといっしょに彼女（彼）たちを訪ねてみよう……


中国女性研究が短い間に大きく発展することができたのは、各専門分野のすぐれた女性研究者たちの自覚的な活動によるところが大きい。ある人たちは直接研究に参加し、ある人たちは周囲からもり立ててくれた。女性学の土台には、かれらが切り出した石が敷かれ、かれらの血と汗がしみている。

わたしはわざわざ彼女たちを探し出したわけではなかった。同じ道のうえでたまたま出会ったにすぎない。

朱虹《ジュホン》――フェミニズム批評紹介の先達

中国の外国文学関係者の中で、朱虹先生の名を知らないものはない。彼女は中国社会科学院外国文学研究所英米文学研究室主任で、英米文学専攻の博士課程学生の指導教授であり、中国の読者に最初に外国の女性文学と西方のフェミニズム批評の方法を紹介した研究者である。『ジェイン・エア』およびジェイン・オースティンをめぐる一連の論文、『米国女性作家短編集』の編集とその長い序文、文美恵《ウェンメイホイ》と共同編集した『外国女性文学辞典』などがその仕事だ。

わたしを含めて、もっとも初期に女性文学研究にたずさわった知識女性たちは、みんな例外なく朱先生の著作や訳書、編書に啓発されている。

大学院で西欧文学を学んでいたとき、すでに彼女の名前を知り、その文章を読んで、彼女の指導する博士課程に出願しようとさえ考えた。ただ自分の英語力の不足を知っていたのであきらめた。講義を聴く機会は何度かあったが、他のことにかまけて機会を逃し、そのため顔を合わせる機会もなかった。

ところが、彼女のほうが先に手紙をくれて、わたしの女性研究に関心を寄せ、わたしを支持してくれるといってきた。そのうえ、機会があれば「面談」したいとのことだった。

わたしが彼女を訪ねていったのは、一九八七年一一月末で、寒風が雪を巻き上げる早朝だった。北京の勁松小区にある、転居したばかりの新宅だった。

彼女はとても大柄で、太っていて、少し猫背で、動作はゆったりし、老いの気配を見せていた。けれども話し声は若々しく、親しみにあふれていた。

彼女は上海から帰ってきたばかりだった。上海で「ブロンテ姉妹シンポジウム」を主催したのだ。会議に話がおよぶと、彼女は興奮し、上海文学界に一陣の「フェミニズムの波」が押し寄せたようだといった。彼女は、文学評論を通じて女性意識を広めようとしてきたのだといった。そして、より多くの知識女性が自主的に参加してくることを期待していた。『読書』誌上に「女性と小説」というシリーズを執筆していた黄梅《ホワンメイ》は彼女の学生だった。同じようなテーマに取り組めば、師弟であれ、同僚であれ、競争相手となることを免れないが、彼女はあいかわらず黄梅を助けていた。

彼女はわたしに中国女性の現状についてたずねた。彼女は他の社会階層の女性の状況をほとんど知らないようだった。北京大学を卒業し、朱光潜《ジュクアンチエン》先生について学び、そのあと社会科学院にはいって外国文学を専攻した。文革後は頻繁に外国へ行っている。いわば典型的な「書斎派」の学者だ。けれども女の生活は研究所の塀にも隔てられない。それは人類存続の鎖につらなっており、高い塀を乗り越えて、無数の女たちと同じ生命を体験する。そのため彼女は他の階層の女性たちに関心を示したのだ。彼女は自分の女としての体験を通して女性文学の評論に向かったにちがいないとわたしは思う。そして女性文学の地位を確立しようと試みる中で、女性としての主体を確立したのだ。それは彼女の評論を読めばわかる。彼女はこういっている。

「女性文学は、世界文学の宝庫の中で重要な位置を占めるべきものだ。ところが、長いあいだ社会の歴史発展は男性を主体としていたので、女性の才能は多くの方面で十分発揮される機会がなく、女性を主体とした女性文学も重視されるべきなのにそうならなかった。……」「女性を主体としたこの辞典は、まさにこの歴史の欠落を正すものである。男性の視点と眼光のくびきを脱し、真に女性の体験と感覚を反映させた女性作家たちの業績が肯定されてはじめて、世界文学における女性文学の位置と重要性は十分肯定されるようになる」

そのとき彼女は、これからオーストラリアに行くといった。しかし、彼女が中国の女性文学界を忘れるはずがないことはわかっていた。

はたして、一九八九年の初め、わたしはまた彼女から手紙を受け取った。彼女は三月八日に外国文学研究所で「中国文学における女性形象」というシンポジウムを主催することになった。会期は一日だけだった。北京以外の場所からは、わたしだけが招かれた。「あなたに来てほしい」と彼女はいった。わたしは出かけた。

早朝に北京に着き、夜には北京を離れた。前日も翌日も授業があったからだ。あわただしく疲れる日程だが、その価値があると考えた。朱虹先生に招かれたのだから。そのとき、彼女はまたわたしに、もうすぐ英国に行く予定で、滞在は少し長引くかもしれないといった。わたしは目上の人に対するというよりは友人に対するような名残り惜しさを感じた。彼女と国内の女性研究とのつながりがこれで切れてしまうことが心配だった。しかしまもなく、書店で彼女が主編となった『外国女性文学辞典』を目にした。彼女がどこにいるにしても、その足跡はこの土地にしっかりと記され、永遠に消えることがないとわたしにはわかった。

もうひとつ残念なことがある。先生は出発を前にして、わざわざわたしに『辞典』を買わないでもいいといってくれた。「とても高いから、一冊あげますよ」。でも、いまだに受け取っていない。待ちきれなくて、わたしは一冊買った。それでもまだ、わたし宛の署名がはいった本が届くのを待っている。それは彼女もわたしたちを忘れていないという印になるのではないだろうか。

厳汝嫻《イエンルウシエン》——母系社会研究の草分け

冷え冷えとした日、湿った雪は降り落ちるとたちまち溶けて、体も地面も濡れそぼっていた。外出する気にはならない天気だったから、午後の報告会の出席者もわずかだろうと予想していた。

それでも彼女はやってきた。電車に乗り、地下鉄に乗り換え、さらにバスに乗って、わたしより早く着いていた。彼女はわたしの近くに静かに座り、一時間半にものぼるわたしの報告を忍耐強く真剣に聞いていた。報告のテーマは「女性研究——人類科学の発展が通るべき道」。

これは北京民主同盟の小講堂で開かれた学術サロンだった。報告者は他省の大学のしがない講師であるわたし、ところが聴衆はほとんどが副研究員以上の学者たちだった。彼女は中国社会科学院民族学研究所の正研究員だ。

わたしにはあれこれ気を配るゆとりはなかったが、この機会が貴重だということはよくわかっていた。女性研究は中国で歩みを始めたばかりで、各界の学者たちの支持と呼応を切実に求めていた。

彼女はもっとも早く旗幟を鮮明にした支持者であり、呼応者であった。

聴衆の中には、挑戦や、軽視や、嘲笑や、不賛成をあからさまに示す人たちがたくさんいた。わたしが報告を終えるやいなや、国内の哲学界で少しばかり名の知れた学者がすぐケチをつけた。彼の言葉はわたしの胸に刻み込まれ、伝統的学界と伝統観念の偏狭さをつくづくと感じさせた。かれはなんと「哲学者の中に女性はいないし、多くの哲学者は結婚しなかった」ことを根拠として、「女性と哲学はあまり関係がない」と結論を出したのだ。

わたしが弁明するひまもなく、多くの人が発言を求めた。最初に立ち上がったのが彼女だった。彼女はその哲学者に反論はしなかった。ただ、まったくちがう態度とまったくちがう口調で女性研究に対する態度を表明した。

「始まったばかりの時はどんなに未熟であろうと、それは絶対に必要なのです」

だれかがわたしに、彼女はわが国で最初にナシ族の母系社会を研究した厳汝嫻だと紹介してくれた。

その会のあと間もなく、彼女から手紙と著書の『永寧ナシ族母系制』が送られてきた。長年にわたって、彼女は山間僻地をかけめぐり、底辺の女性たちの生活状況をその目で見てきた。文章の行間には多くの女性たちへの共感と配慮がにじんでいた。手紙にはこうあった。

「今日の農村では〝六〇三八部隊[1]〟が生産を担っているといわれています。これは女性が農業の領域で重要な位置を占めたことを意味すると同時に、女性が伝統的な生産・生活の領域に縛りつけられていることをも意味します。女性についてきちんと調査することなしに、国の状況についての深い理解は不可能です。中国の大きな変化は、女性の資質に根本的な変化があらわれて初めて可能になります。これはたしかに長い道のりです。わたしたちの仕事も長い見通しを持たなければなりません。わたしが考えているのは、各民族の女性に存在するさまざまな実際問題を理解し、彼女たちのために力の及ぶ範囲で実際的な助力をあたえ、同時に実際の状況をまとめて政府と社会の関心を引きつけることです。それは同時に女性たちの群体《グループ》意識を強めることにもなるでしょう」

あきらかに、彼女はすでに選択をしていた。強い責任感と自省的な精神力が手紙の背後からにじみでていた。

「あなたは女性たちに群体意識《グループ》を確立するよう呼びかけていますが、それはわたし自身が負うべき職責でもあると感じています。これから、わたしは何人かを組織して中国少数民族女性問題の調査研究に取り組むつもりです。過去のわたしの仕事は微視的なものが多く、そのうえ大半は歴史的調査研究でした。いま広大な現実に向き合って、真剣に学習し、新しい専門分野の知識を吸収して自分の不足を補う必要を痛感しています」

彼女は言ったことは実行する人だ。一九八八年、彼女は編集責任者として「少数民族女性研究叢書」を発行する契約を雲南人民出版社と結んだ（その後、出版業が不振のため、計画は一時据え置きになっている。しかし、彼女が健在であるかぎり、この計画はいつか実現すると信じている）。同じ年、彼女は国家社会科学基金に「少数民族女性研究」のテーマで申請を出し、批准された。中国国家が扶助する科学研究プロジェクトの中に初めて女性に関するテーマが登場したのだ（ただし研究費の少なさは気の毒なほどで、わずか一万元だった。彼女は十数人の協力者を集めたので、やりくりは大変だった）。

わたしたちはかつて、プロジェクト運営の難しさを訴えあったことがある。しかし彼女は困難を恐れぬ人であり、さらに困難から逃げない人である。一九九〇年三月に鄭州で会議を開いたとき、一番の大荷物は彼女のものだった――なにしろ大きな寝袋まで持ってきたのだから。会議が終わると彼女はすぐ雲南に飛び、首都からも喧噪からも離れた土地へ「天職」に従うために赴いた。六〇歳の人が、このように全力をつくし、辛苦をいとわず、自己の生命の火を燃やすことで、わたしたち後輩の研究者に挑戦しているのだ。

なぜかわたしは、いつも彼女のことが気になり、彼女のことを考えている。彼女は何度もわたしに、北京に来たら遊びにこいと誘ってくれた。「いろいろおしゃべりをしましょうよ」。でも彼女はそのときいったいどこにいるのやら。九〇年の末に広西民族学院に行ったとき、民族研究所副所長の袁　小　芬《ユアンシャオフェン》教授が彼女についてこんな話をした。

「去年北京で国際民族学会議があったとき彼女に会いました。会議が終わって宴会になったら、彼女はわたしたち女性参加者を引き連れて民族学界の長老たちにお酌をし、少数民族女性の研究をよろしくと頼んでまわったんですよ」

わたしはそれをきいて胸が熱くなった。いかにもあの人らしい。本来ならお酌を受けるべき立場にいながら、なぜ頭を下げて「酒席のとりもち」をしたのか。それは「女性研究」のためにほかならない。

きょうもわたしは相変わらず、彼女が今どこにいるのかしらない。ただ彼女がどこにいようとも、この短い文章がわたしの挨拶がわりに彼女のもとに届き、そばにいてくれたらと望んでいる。

朱楚珠《ジュチュジュ》――人口学と女性学の結びつき

　彼女は人中では目立たないが、いったん見つければけっして忘れられない人だ。名前は発音しにくく、口にするときは気をつける必要がある――朱楚珠。

　一九八六年六月、わたしは陝西省で開かれた「女性と改革」シンポジウムで彼女と知りあった。わたしは招待客だったので、彼女はわたしの宿に会いにきた。陝西省ではかなり名の知れた人物だとわたしは知っていた。西安交通大学人口研究所の副所長で教授である。そのころ女性の教授はごくわずかだった。そのうえ、彼女が音頭をとって西安に女性研究者を集め、直接社会にサービスを提供する「知識女性相談機関」を設けたことも知っていた。彼女の社会活動はさかんで、大学院生を引き連れて国内外の学術会議に参加したり、省内のいろいろな会議に参加したりしていた。きっと風雲を巻き起こすような人物にちがいない。

　ところが、目の前にいるのは穏やかな、控えめな人だった。「クックッ」と笑ってもほとんど声がもれないほどで、まるで女子学生のようにおとなしい。

　その最初の対面では、彼女はわたしに「女性」について問いただし、わたしは彼女に「人口」について教えを請うた。「女性と人口」というテーマは、この時の会議の伏線であった。

　一九八六年一〇月、わたしたちは北京の「全国第二回女性理論シンポジウム」で再会した。

モダンな現代知識女性たちの中で、彼女の服装だけが旧態依然としていた。肘にはツギまで当たっていたのでわたしはびっくりした——いまどき北京の会議にこんな服で来る人がいるなんて。

この時の会議は本当に面白かった。参加者の大多数が「女性学」の提唱に興味を持っており、しかも何人かは会議の席で包囲を突破して攻勢に出ようと示し合わせていたからだ。分科会になると、ほとんどの人が「女性理論」に集まったようだった。それはわたしへの興味だとわかっていた。

幸いわたしは先見の明があり、「女性理論」分科会の呼びかけ人の役割を逃れて、自由を楽しむことができた。わたしは朱楚珠が呼びかけ人になった「人類の再生産問題」に参加した。その午前中は、わたしと彼女を含めてたった四人だけだった。

こんなふうに顔をつきあわせ、誰にも邪魔されないでしゃべれる機会はまたとない。彼女はわたしに自分の経歴を語ってくれた。めんめんと、ささやくように、まるで深く澄んだ山の泉がこんこんと沸いてくるようだった。

彼女はもともと政治経済学の講師だったが、七〇年代に人口問題に関心を持ちはじめた。彼女もまた馬一匹槍一本で先駆けした人なのだ。四川省で「全国人口会議」が開かれるとき、彼女は論文を携え自費ででかけていった。そのうえ紹介も推薦もなしに発言した。彼女は西安交通大学で何人かの人を引き込み、ゼロから事をはじめた。「人も物もない」ところから出発して、近代的設備の整った人口研究所にまで発展させ、全国人口統計の主要基地にまでしたのだから、なみたいていのことではない。

わたしの知る限りで、彼女はわが国の人口学者のトップである。明確な女性としての主体意識と科学的な実証的態度を兼ねそなえているが、これは五〇年代をくぐってきた女性知識人としては珍しい。彼女は理論を根拠に論争し、相手を説得することができる。わたしは彼女の穏やかな中に強靭さを秘めた声が好きだし、誠実で理性が透徹した文章はもっと好きだ。だからわたしは彼女に「婦女研究叢書」の『中国女性人口』を担当してもらった。それ以来、わたしたちは原稿をめぐってさらにつきあいが深まった。

静かな協力は淡々とした流れにも似て、たちまち数年が過ぎてゆく。ただ波が立ったとき、深い海のような友情がのぞくのだ。

一九九〇年三月、彼女は大学院生を引き連れて鄭州の会議に参加した。わたしが政治的圧力を受けているのを知って、彼女はわたしを部屋に招いた。相変わらずの低い声、相変わらすの静かな微笑で、話題も相変わらず本や原稿をめぐるさまざまな問題だった。とつぜん、彼女は話題を変えていった。

「わたしはあなたの省に赴任してきた共産党省委員会の書記と親しいのよ。以前に彼の人口問題顧問としていっしょに農村へ行き、おしゃべりをした仲だから。もしここで何かゴタゴタが起きたら、わたしが彼に話をつけることができるわ」

「そこまではいかないと思うけど。もし必要になったら、かならずお話しするわ」

わたしの答えも水のように淡々としたものだった。けれども心の中では、「ありがとう」の一言ではとうていいいつくせないものを感じていた。

協力が必要なとき、彼女のような学者が黙って協力してくれる。支持が必要なとき、彼女のような先達がさしだす温かい手を感じることができる、これ以上なにを求めよう。

その後、わたしはこのことで彼女を煩わさないですんだ。しかし彼女がうけあってくれたことはわたしの心に深く刻まれ、永久に記念となっている。

楽黛雲《ユエタイユン》——『チャイナ・オデッセイ』のヒロイン

彼女はまるまる二時間、教壇の前に座っていた。ときには静かに耳をかたむけ、ときにはノートをとり、ときには微笑みながらわたしを見つめた。けれども、その微笑がわたしを気もそぞろにさせるとは、彼女は思いもよらなかっただろう。いくらわたしが大胆不敵で恐いもの知らずだといっても、彼女の存在を感じないではいられなかった。これは教壇に立つ講師としてはまったくの災難だった。その日、わたしの講義はひどかったにちがいない。もともとが早口のうえに、その日はコントロールがきかず、まるでブレーキが壊れた列車だった。

昼には、彼女はわたしと何人かの同僚を北京大学の小レストランでの食事に招いてくれた。海老の炒めもの、魚のあんかけ、肉団子、おまけにわたしが大好きなナマコやイカまであった。それなのに食が進まないのは、やはり彼女の存在を意識せずにはいられなかったからだ。

彼女はほかならぬ北京大学比較文学研究所所長の楽黛雲だ。もしも彼女の支持がなければ、米国留学を終えて帰国した張京媛《チャンチンユアン》博士が、こんなにスムーズに「フェミニズム文学批評」の講座を開講することはできなかっただろう。また、六四〔天安門事件〕のあと、まもなく五四運動の記念日がめぐって来るという時期に、他大学の教師を勝手に呼んで北大で講義させることもできなかっただろう。この見識と肝っ玉は楽黛雲ならではだ。

北京大学を出て、楽黛雲の名を知らない人はいない。彼女が有名なのは、湯一介《タンイィジエ》先生の妻であるというだけでなく、また新中国の大学一期生というエリートであるだけでもない。五〇年代初めにはモスクワで開かれた世界青年大会に出席した経験を持ち、さらに重要なのは、五七年に右派のレッテルを貼られてから二〇年間迫害を受けたのに、往年の気力をすこしも失うことなく、国内国外の学問に通じた研究者として資料室の埃の中から姿をあらわしたことだ。まるで火の中から復活したフェニックスのように、その光彩、その才能、その気骨があたりを照らすのだ。

最初に彼女と会ったのは、一九八四年末に広州曁南大学で開かれた「全国比較文学シンポジウム」の席だった。彼女は深圳から着いたばかりだった（当時は深圳大学の中国文学科の主任を兼任していた）。深紅のセーターを着ていたのが、焼かれて生き返ったフェニックスにぴったりだった。彼女は五〇を過ぎているということだったが、とても信じられなかった。動作も言葉も、ひいては眼光まで青春の熱気に満ちていて、たとえ話を聞かなくても、胸にあふれる抱負や頭につまった計画を見てとることができた。まるで世に出て日の浅い、勇んで大海に漕ぎだそうという青年のようだった。

彼女は、西方の女性文学界が中国女性文学を論じているというニュースをわたしに最初に伝えてくれた人だ。彼女は一九八二年、西ベルリンで開催された国際女性文学会議に出席した。国外の学者の中には、『水滸伝』の孫二娘や、京劇の女武者など、西方の文学には珍しい女性の形象に関心を持つ人たちがいた。中国は封建的観念が強く、厳しい家族制度が女性を束縛し、「女誡[2]」まであるのに、なぜ中国文学にはあんなにたくさんの勇猛果敢な女性象が登場するのだろう。面白いのは、彼女がその質問をすぐわたしに向けたことだ。

今回は、彼女と会う二度目の機会だった。会食の席で、彼女はまた質問をした。わたしだけが覚えていたのかもしれないが、前と同じ問題だった。彼女はモスクワでの会議に行く直前で、そこで中国女性文学に関する発表をすることになっていた。そのためわたしの講義に出席し、そのうえ質問をしたのだった。

「中国の文学と歴史には、花木蘭《ホワムラン》や穆桂英《ムクイイン》のような女武者が少なくない。女の皇帝や皇女の顔ぶれもなかなかのもので、かなりの地位にいたようですね。あなたはどう思いますか」

わたしは文学から飛び出し、社会制度や歴史の背景の中でその種の問題をとらえるのが好きだ。わたしの考えでは、中国の主流文化には、じつは一貫して濃厚な女性文化の雰囲気がみなぎっている。わたしは中国文人が「君子」を「美人」に見立てて楽しむやりかたや、臣を妾になぞらえて忠誠を表明する士大夫の発想、中国の封建家族における母親の地位、ひいては中国の封建宗法家庭制と西方の貴族荘園分封制の違いまで引きあいにだして語った。わたしは、たとえ知ったかぶりと思われようとも、ありったけの知識を傾けて、これまで考えてきた筋道を語り尽くそうとした。かつてひとすくいの水を受けた恩には、泉の水で報いるべきだ。

彼女は静かに耳を傾けた。五年という歳月が一瞬のように過ぎていたが、彼女は以前と変わらず、やはり青春の活力に満ちていた。この何年か、彼女は絶え間なく飛び去り飛び来たり、中国と欧米の文化交流を促進するための橋になっていた。彼女はタイとイギリスから帰ったばかりで、すぐにカナダとアメリカに飛び、さらにモスクワへ行くというぐあいで、一年の旅程はすでにぎっしりだった。けれど、彼女がちょっと立ち止まり、足を休めて、見聞きしたことをもう少しわたしたちに語ってくれたらどんなにいいだろう。

　このあいだ、米国留学中の友人である楽梅《ユエメイ》から手紙をもらい、楽黛雲は楽梅の父のいとこにあたること、『嵐に向かって』（邦訳『チャイナ・オデッセイ』岩波書店）という著書がすでにアメリカで出版されていることを知った。わたしの胸は期待にふくらんだ。いつになったら中国で、もっとたくさん彼女の著作を読めるようになるだろうか。

社会学界の友人たち——譚深《タンシェン》、張宛麗《チャンイェンリ》、陳一筠《チェンイジュン》

　わたしがいつも残念に思うのは、女性研究は社会問題研究から始まったのだから、早い時期に社会学の中で重要な位置を占めていいはずなのに、わが国の社会学における女性学建設は遅々として進まず、文学や歴史学、はてはもっとも「腰の重い」言語・文字研究にさえ後れをとっていることだ。

　こんな不平も、無理難題をふっかけるわけではない。わたしには社会学界に何人ものいい友人がいて、長年にわたって中国女性研究を応援してくれているのだから。

　中国社会科学院社会学研究所の例をとってみるだけでも、その事情を説明できる。

　わたしが最初に知り合ったのは、『社会学研究』の編集者・譚深だった。一九八六年六月、

西安で開かれた「女性と改革」シンポジウムで、わたしたちは相部屋になった。到着の日から別れるときまで、毎晩夜が白むまで語りあった。人生を語り、社会を語り、女性研究の必要性を語った。漠然と模索しながら、感想や感触をおもに語った。知り合って日は浅かったが、ひたむきだったから心が通じた。言葉が洪水のように堰を切ってあふれだし、互いに知らなかった長い年月を飛び越して、この数日に集中した。いったいどれだけしゃべっただろうか。別れるときには声はかすれ、ひきつづき出席した洛陽での中央組織部の会議では、二日間発言できなかったほどだ。

それからというものは、会いさえすれば話すことが山ほどあった。わたしが手がけた女性研究の仕事には、いつも譚深の参加と援助があった。ただ不思議なのは、ずいぶん長い間、彼女が編集する刊行物には女性に関する論文は発表されなかったし、さらに彼女自身の文章には「女」という字を冠したものがなかったことだ。彼女の話では、文革時代に山西省の農村へ労働に行ったとき、人民公社で女性隊長に推薦されて、ほうほうのていで逃げ出したという。彼女はその推薦に屈辱を感じたのだ。

わたしは彼女に尋ねてもみた。女性研究のためにこんなに尽くしているのに、どうして「手を染める」のをためらっているの？　彼女は忙しいから、ただあなたの手伝いをしているだけなのだといった。でもわたしにはわかっている。彼女は昔のわたしと同じように、自分が女であることがすでに耐え難いので、これ以上女と「混ぜられる」ことを心の底で恐れているのだ。

一九八七年六月、吉林省で「中国文化と近代化」シンポジウムが開かれたとき、『社会学研究』のもう一人の編集者張宛麗に会った。またもや相部屋、またもや夜明けまでのおしゃべり。松花江のほとりで、松花湖で、たくさんの記念写真にいっしょにおさまり、敬意と理解をたがいの胸に刻んだ。彼女はわたしの女性研究を理解したが、「不参加」を表明し、女には「興味がない」といった。編集部では、彼女は総合性と理論方法の分野に責任を負っていた。「女性」よりも高邁で遠大だ。何年ものあいだ、彼女はやはり遠くから、まるで自分に関係ないよそごとのように「女」をみていた。「女」と「人」とのあいだに橋をみいだせない限り、彼女が「人」を投げ捨てて「女」を求めることはない——わたしは彼女の「不介入」を理解し、邪魔することはしなかったし、まして「水に引き込む」ようなことはしなかった。

けれども九〇年代の始まりとともに、いい兆しが見えてきた。最初は譚深で、わたしに手紙をよこし、「水にはいる」決意をしたといってきた。まもなく彼女は女性に関する最初の論文「最近の女性研究の社会学的考察」を発表し、さらに編集者として『社会学研究』に女性に関する一連の社会学論文を掲載した。

まもなく張宛麗から、友人がわたしの『女性の出路』を借りたがっているといってきた。ところが、本が届くと彼女がまず一気に読み終わって、熱気の醒めないまま感動的な手紙を送ってきた。ひとつひとつの文字が千金の重みをもち、豪放熱血、まるで任侠の士というおもむきだった。

「あなたが『人間論』の高度なところで女性問題を把握し、中国の女性解放と人間解放との内在関係を明晰に正確に描きだして世に問うたことは、じつに喜ばしいことです!!! 書中にある女性研究にかかわる人が負うべき『人間の使命』という論点はもっとも感動的で、わたしの心にぴったりくる『真理』の筆であり、またあなたの『女性研究』の理想の顔をみせています。痛快！　痛快!!!」

「これまでわたしが女性研究に手を出さなかったのは、この内在関係が見いだせなかったからであり、また自分自身が女性と人間性の分裂の中であがいていて、へとへとだったこともあります……今、ほとんど全面的にあなたと『相知り』『相交わる』ことになり、大満足です！　もちろん、浅学をかえりみず、わたしたちの（それもあなたが開拓した）『女性研究』の道をゆき、自分にできることをしたいと思いますが、いかがでしょう。もしよければ、あなたが北京に来たときに心おきなく語り合い、わたしの具体的な『役割』――仕事を決めましょう」

　この張宛麗という人ときたら、表面は物静かでありながら、骨の硬さといったらない。彼女が「動く」というのは心が動いたからであり、彼女が心を動かしたのは、とことん考え抜いたからだ――こうなったら最後、どんな力もくい止めることはできない。


　もうひとりの熱心な研究者は陳一筠だ。彼女はせっかちにわたしに会いたがり、手紙を出したとおもうと、それが届くのも待たずに姿をあらわした。話はぜんぶ他人のことだった。ある米国の女性研究者が中国の女性界の研究者と交流したいと頼んできた。彼女は鄭州大学に「センター」があることを耳にして、わたしにすべてを託したのだった。

　思いもよらずわたしたちはそれ以来つきあいはじめ、仲良くなった。彼女は珍しいほど情に厚い人で、奉仕を楽しみ奉仕を恐れぬ真のボランティアだ。家族と結婚を研究しているが、みずからの手で「結婚と家族問題相談」事業をおこし、労を厭わぬどころか、わざわざ面倒をかって出ている。家庭研究の視点から、彼女は女性研究の重要性を認識したのだが、女性研究のテーマに真剣に取りくむには、精神的にも肉体的にも余裕がないといつも感じている。だれかが彼女に女性問題についてたずねると、彼女はいつも手を振って「わたしは専門に研究してはいないから」という。しかし彼女がすでに「本業外」に女性研究のため多くの仕事を成し遂げたことをわたしは保証する。

中央人民放送局に最初に「女性知識専門講座」を放送するよう提案したのは彼女だし、「知識婦女」シリーズ創刊のための費用を調達してくれたのも彼女だった。さまざまな女性研究会議に参加し、鄭州国際女性研究会議では「夜のサロン」の主催者として名乗りでてくれた。地方の女性幹部に講義するため労をいとわず足を運び、病弱な体にむちうって性病と売春の調査のために南方へおもむいた。

彼女はいつも忙しい。忙しさが高じるといつも独り言をいう。「やめた、やめた、わたしはつぶれてしまう」。でも、彼女がつぶれないことはわかっている。彼女には幸せな家庭がある――めったにないほどいい夫といい娘、二人は彼女の心の支えなのだ。彼女はそこで一息ついて、家庭の温もりを満喫したあと、幾千万の家庭の幸せを「縫い合わせる」ためにまた走り回り呼びかけにいく。

彼女はわたしに、家庭の視点から女性に関する本を書く約束をした。しかし、『家庭訳叢』編集長の仕事にかまけて余裕がない。それから抜けたらまた何をしょい込むことになるやら。無数の家庭は無数の家庭問題をかかえており、生きている限り、彼女の手が空くことはない。

ひとりひとり見ていくと、社会科学研究所所属の大勢の研究者たちは、みな女性研究に関心を持つか、ひいては手を染めている。わたしの知る限りでも、もう数年前になるが、日本を訪れた張萍《チャンピン》は日本の女性学研究者富士谷あつ子の『女性学入門』を翻訳し、また『日本の結婚と家族』という本を編著して、かなり早い時期にわが国の読者に日本の女性学の状況を紹介した。副研究員の劉英《リウイン》も結婚と家族の研究者で、八〇年代中期には女性問題に関心を持ちはじめた。また魏章玲《ウェイチャンリン》研究員は『米国の家族モデルと家族社会学』の編著者だが、これは近年わたしが見た外国の社会学を紹介した本の中では好著であり、「女性の就業と女性運動」という一章がふくまれている。そこでは米国の女性問題を紹介すると同時に、彼女自身の女性解放の観点がきちんと表明されている。

彼女たちはすでに多くの仕事をなしとげている。あるいはいつの日か社会学界の女性たちが一団となって、社会学研究所に「女性社会学研究室」を創設する時がくるかもしれない。わたしはその日を待っている。

呉青《ウチン》——謝冰心の娘、人権の闘士

呉青教授は高名な女性作家謝冰心《シェビンシン》と高名な人類学者呉文藻《ウウエンツアオ》の娘である。北京大学の袁《ユアン》方《ファン》教授の所で彼女の名を聞き、「フェミニズム研究グループ」を組織している話を耳にした。まもなく本人に会い、誘われてグループの話しあいに参加した。

彼女は中背で藍地に白い花模様の綿入れジャケットを身につけ、髪はとても短くカットし、スリムで精悍なところは青年のようだった。彼女と接すれば接するほど、「青年」の印象は強くなった。それは彼女の愛すべき単純さ、愛すべき率直さによるだけでなく、その「向こう見ず」で「怖いもの知らず」の言動がいつも俗世間を驚かすからでもあった。彼女がもし本当に青年であっても、けっして「ヤッピー」ではないとわたしは思った。

彼女がなぜ女性研究に惹かれたのか、どう考えてもわからない。彼女の一言一句、一挙一動が、ふつうの女やいわゆる「女性意識」とはかけ離れていることを示していた。彼女はこんなふうに語る。

「わが家では、女の子として教育されたことはありません」

「女性問題を徹底的に論じれば、結局は社会問題です。社会全体が関心を持つべきです」

「普遍的人権がなくて、女権を語れるわけがない」

彼女はわたしにいった。

「わたしは自分が女だと思ったことはなかった、ひとりの『人』だと思ってきたわ」

「まったく考えたことがないんですか？」とわたしはたずねた。

「かれらがわたしに考えるようしむけたのよ」

北京市の人民代表大会で、彼女は挙手で棄権票を投じた。(3) 高々と手を挙げ、意気軒昂と。

代表たちはざわめいた。「見ろよ、あの前の女を」。彼女は怒り心頭に発した。「女だからどうだというの?」――このことが彼女独特の「女性意識」を触発したのだ。

一九八八年九月二八日、まさにわたしの誕生日に、彼女は得難い「プレゼント」をしてくれた。お母さんの所へつれていってくれたのだ。中国知識人の良心、知識女性の模範、謝冰心の所へ。謝冰心は高齢のため、前から来客を断っていた。呉青の役目は母のために客を追い返すことであり、客を引き込むことではなかった。わたしのためにわざわざ慣習を破ってくれたのだ。わたしは胸がいっぱいだった。

その日、冰心さんはとても元気でよく話し、わたしたちが企画中だった「知識婦女」シリーズのためにサッと筆をとって題字を揮毫してくれた。「ひとりの知識女性となるためには、まず真の人にならねばならない」。わたしは一冊の本をいただいた。『男について』という題だった。

わたしは呉青の強烈な人権意識がどこから来たかをはっきり悟った。彼女はすぐれた家庭に生を受け、たぐいまれな超俗的環境で成長した。世に出た彼女が最初に強く感じたのは、女は男に劣るという平等意識の欠如ではなく、男も女と同じように人権意識が欠如していることだった。彼女の発言を聞くがいい。一九八八年、婦女研究叢書の出版記念会のとき、人々は「文化」を語り「叢書」について語ったのに、彼女ひとりが憑かれたように心の底に秘めた痛みを吐露していた。

「男性の仲間も含めたわたしたちは、人間の価値をどう考えているのでしょう。わたしは四年間人民代表をつとめたけれど、わたしが接触した選挙民の多くは、人間としての価値、人間としての権利を享受しているでしょうか。男性のみなさんを含めて、憲法に規定された権利を享受しているでしょうか。いません。だからわたしは、わたしたちが女であることは困難なのだ、さまざまな圧力を受けるのだと思います。……ある社会で女性が尊重されず、男性が女性を軽視するということは、その男性も他の人から尊重されないことを意味します。十億の人民に呼びかけて、人としての権利をかちとらなければなりません。わたしはそれがもっとも基本だと思います。学問を真に発展させるには、男女が共同でやらねばなりません、同じ人間ではありませんか。もしも女性の才知が発揮できないならば、この社会の前進は困難であり、この世界の前進も困難です」

彼女はわたしが知る限りで、積極的に政治に参加し政治に関わりながら、「役人意識」のまるでない唯一の知識人だった。また、人権を積極的に唱道すると同時に、自覚的に女性のための仕事に身を投じ、思ったことを口に出し、口にしたことは実行する唯一の知識女性だった。

彼女はまったく自発的に、あの弱きを助ける正義感から女性のための仕事に身を投じた。

一九八六年、彼女と米国籍の楊海倫《ヤンハイルン》教授は、北京外語学院に「中外女性問題研究グループ」を組織した。二週に一度の集まりは、長年にわたって続けられ、学外の知識女性もたくさん参加した。わたしの知る限りで、北京の大学では最初のグループだった。一九八八年、彼女は英語科の女性教授たちといっしょに北京外語に「女性学研究」課程を開講し、学生たちから大歓迎を受けた。これも知る限りでは北京の大学で最初である。

数年来、わたしは彼女の大学で講義をし、彼女もわたしたちの会議に参加した。彼女はわたしを自宅に招待して麺をごちそうしてくれた——わたしが注文した料理だ。わたしが主催した会議のときには涼粉《リャンフェン》炒めをごちそうした——それは彼女の注文だった。女性研究という仕事が縁でわたしたちは知りあい、理解しあい、大小何事につけても信頼し頼りあえる友人になった。顔を合わせれば胸襟を開き、あらゆる話題がとびかうが、奇妙なことに、もっとも話題にのぼらないのが「女性」のことだ。

多士済々の女性史研究者

わたしは歴史に深い興味を抱いている。わたしのことを救いがたい「歴史主義者」だとからかう人もいる。だからわたしは、史学界で女性研究にいそしむ友人たちを大いに誇りに思っている。

社会科学の領域では、どうやら歴史研究が最も性別による障壁が少なく、性別という要因に邪魔されることが少ないことにわたしは気付いた。これは研究者による参入にも、研究課題の選択にもいえることだ。

史学界でのわたしの最初の友人は男性で、河南大学歴史学部の鄭慧生《ジェンホイション》助教授だ。彼は先秦史の甲骨文を研究しているので、わたしは彼に「甲骨文」とあだ名をつけ、その名は同級生の間でも通用していたことがある。文化大革命による十年の空白のため、八〇年代初め、「世代のギャップ」があるわたしたちは同級生になってしまった。まず最初は、どうしても教えてほしいとわたしに迫られて、彼は『山海経』に登場する女神たちについて一字一句わたしに解釈してくれた。次にはわたしの「脅迫」を受けて、甲骨文に表れる「婦人ニュース」を再検討せざるを得なくなった。思いもよらずこんどはわたしが彼を導く形になった――だから彼はわたしのことを「導師」とふざけて呼ぶ。この一問一答の中から古代の女性に関する漢学の論文が次々に誕生し、最終的には『上古中華の女性と婚姻』という本にまとまった。この本の中で、彼は中華の先祖である黄帝は女だったと論証した！

杜芳琴《トウファンチン》――わたしはディア・オールド・トウと呼んでいるが――も、わたしの大学院時代の同級生だ。専門は古代漢語と訓古学〔古典解釈〕。女性研究にはまってからというものは、その専門は彼女の手慣れた道具に変身した。膨大な古典の中を探索するのは、大海の中から針を探し出すようなものだ。彼女は「史実」に厚くつもった埃を一層一層とはがしてゆき、ひた隠しにされてきた女性観念史の秘密を暴き出す。

わたしが知っている学者の中で、彼女はもっとも善良でもっとも素朴であり、もっとも孤独に耐えるが孤独に甘えず、もっとも知識人らしからぬ知識女性だ。彼女をもっとも普通の女の人とみなしてもかまわない。彼女が日夜古典の中に埋もれて資料を漁り、一筆一筆とあわてずおくれず書き写してゆくさまは、主婦たちがきりのない針仕事や、刺し子の靴底作りをしている姿をおもわせる。彼女が歴史上の妃や有名な女たちについていきいきと物語ってくれるとき、まったく学問臭がないばかりか、歴史感覚さえ失われて、住民委員会の主任が管轄地域の隣人たちのことをあれこれいうのを聞いているようだ。彼女にとって学問は家事と同じように日常的で、文章を書くのは出産と同じように神聖なのだ。彼女の仕事は糸繰りと同じように根気のいるつらい仕事だが、最後には精巧な繭をひとつひとつ作りあげる。一九八八年には『女性観念の変化』という本を書きあげ、八九年には「中国宮廷女性の政治役割研究」という論文を持って香港中文大学主催の「華人社会のジェンダー研究」会議に参加し、九〇年には「七十年来国内女性史研究総述」を書きあげ、中国史の権威ある雑誌『歴史研究』と、日本の『中国女性史研究』第三号〔邦訳「中国における女性史研究——その七〇年の歩み」」に発表された。彼女は今まさに歴史界の女性の仲間たちと『中国女性通史』を編集して、教育研究における焦眉の急に応じようとしている。

さらにもうひとつの繭がある。一九八五年以来、彼女は天津師範大学で何人かの女性教員と共同で女性学研究と教育に力を入れている。わたしの知る限りでも、現在米国留学中の徐午《シュウ》、デンマーク留学中の汪琦《ワンチ》、英国訪問中の閔冬潮《ミントンチャオ》などが女性研究に熱をいれだしたのも、杜芳琴の宣伝激励のおかげだ。閔冬潮と彼女は「内外呼応」して、一九九〇年に天津師範大学に「中外女性史研究小組」を創設した（九三年に「女性研究センター」として公認された）。閔冬潮の『国際女性運動』は、すでに婦女研究叢書の一冊として九一年に河南人民出版社から発行されている。

鄭永福《ジェンヨンフ》は現在鄭州大学の助教授で、わたしの大学院時代の同窓生でもある。彼の専攻は中国近代史で、中心テーマは辛亥革命だ。正史の中でも政治史となれば、女のことなどにかまけている暇はないだろう。だからわたしもこれまで、あえて女の問題で彼をわずらわせようとはしなかった。彼を女性史研究に引き込んだのは、二つの大きな要因がある。ひとつは彼と大学の同級生だった梁軍《リャンジュン》の推薦と、妻である呂美頤《リュメイイ》（彼女も大学の同窓生）の参入だ。夫妻は共同で『中国女性運動』を書きあげた。一八四〇年から一九二一年までを扱った第一冊を書きあげてまだ書き足りず、二冊目の『近代中国女性生活』がまもなく世に出ることになった。もう一つは内部的要因だ。鄭氏は女性史に取り組む中でついにこう悟った。「ここはなんと広大な処女地だったことだろう、ここには大いなる学問の可能性がある」。とりわけ現在のように政治史が袋小路に入ろうとしているとき、女性史はもうひとつの意味を持った政治史だということをだれが否定できるだろう。

大学院生だったころ、わたしは中国文学科に属し、西欧文学を専攻していた。いったいどうして取り憑かれたように歴史学の仲間にまぎれこみ、一日中「甲骨文」や「古漢語」や「古代史」連中とくっついて、気宇壮大に大風呂敷を広げていたのだろう。歴史学界はもっとも排外的な所なのに、どういうわけであの「学者先生」たちはわたしのような「異分子」の存在を許してくれたのだろう。わたしを受け入れたばかりでなく、現在の女性史研究界の中核になってしまった——かれらのうちの何人かが、のちに「婦女研究叢書」の執筆者となり、古代史、前近代史、近代史、世界史方面の女性研究の課題を分担した。

わたしの親友であり「相棒」である梁軍《リャンジュン》も歴史学の出身で、北京師範大学歴史学科の六八年度卒業生だ。専攻は世界史で、卒業後十数年歴史の教師をしていた。フランス革命の講義になると、ナポレオンの盛衰を語るたびに、毎年学生たちの血を沸かし、満場の涙を流させた。しかしいまや人々が彼女の前で「歴史学」を語るのを極力避けようとする。彼女がいうには、ナポレオンは秦の始皇帝のたぐいとともにすっかり歴史に返してしまい、現実社会における女性教育のために全身全霊を捧げているからだ。わたしはそれなら彼女に女性教育史の方面で研究課題を分担してほしいと頼んだ。しかし彼女は忙しすぎる、四方八方に講義でかけまわっている。現実からの招請によって、歴史から遠ざかってしまったのだ。そういうわけで、彼女はわたしにもうひとりの同級生を紹介してくれた。近代の高名な教育者である曹孚《ツァオフ》の子息、北京師範大学歴史学科の曹《ツァオ》大《ダア》為《ウェイ》である。

曹氏は長年にわたって女性教育史にたずさわり、ちょうど『中国女子教育史』を執筆しているところだった。それ以来、わたしには歴史学界の友人がひとりふえ、「婦女研究叢書」にはひとつの専門分野のテーマが加わった。さきにあげた何人かの同窓生に比べると、曹氏は女性史に対してより自覚的だとわたしには思える。しかしその自覚はけた外れに重く、広範な資料の中に沈没してなかなか浮き上がることができない。原稿締切は再三延ばされ、わたしはひっきりなしに催促するが、催促してもどうにもならない。こんなにも完成に苦しむ歴史書がほかにあるだろうか。こんなに慎重に歴史書を書く歴史家がほかにいるだろうか。

ほかの人たちに比べると、高世瑜《ガオシユ》の女性史研究への関わりは、より自覚的で、自主的で、そのうえスマートだ。

一九八八年の春、わたしは彼女から手紙を受け取った。まだお互いに知りあっていなかった。「文」によって友人となるのは、わたしにとって珍しいことではない。彼女は手紙の中で、『歴史研究』編集部で前近代史の原稿の担当をしていること、女性史に「興味を持っている」ので、『唐代女性』〔邦訳『大唐帝国の女性たち』岩波書店〕という本を書いたなどと書いていた。第一信から、彼女は自分の考えを包み隠さず語っていた。

「中国は自前の女性学と研究者集団を持つべきだというのがわたしの基本的な考えです。……中国の女性学会を設立すべきであり、いまや機は熟しています。学会を組織して、いま各地でバラバラに孤軍奮闘している研究者を協力しあう有力な隊伍にまとめあげ、女性学を独立した学術分野として正式に創設することは、研究者の国際交流にも有利です。あなたにこの提案をするのは、力を結集すべく呼びかけ組織するのに最適任者だからです。この歴史的任務を引き受けていただきたいのです。……この重大な任務を引き受ける人がいれば、わたしは全力をあげて支持します」

彼女は有言実行の人だ。後日女性史を専門分野として確立するにあたって、彼女は約束通り好機を逃さず、全力を尽くして、人目はひかないが効果の大きい働きをたくさんしてくれた。

あのときわたしは、すぐさま彼女に返事を出し、こちらも率直にわたし個人の考えと方法を述べたのを覚えている。わたしは人に頼んで『唐代女性』を手に入れ真剣に読んだ――「文」をもって人を知るのも、わたしの長年にわたる習慣だ。この本は精彩に富み、論理の通った女性史の専著であり、とりわけ時代史として貴重なものだった。彼女の本と手紙とは、わたしの心に深く刻みつけられた。けれどもわたしたちが正式に出会ったのは、なんと五年後、九〇年三月の鄭州会議のときだった。

　鄭州会議で初めて会った人の中には、早くから名を耳にしていた北京大学歴史学部の斉文《チイウェン》穎《イン》、鄭必俊《ジェンビジュン》の両教授もいた。斉教授は有名な歴史学者斉思和《チイスホ》先生の娘で、アメリカ史を専攻し、「アメリカ女性史」講座を開講した。鄭教授は中国前近代史が主専攻で、北京大学歴史学部の本科に「中国女性史」の選択コースを開設した。

　鄭州会議では、史学界の数人の研究者が毎晩かならず集まって、感動的な一大「景観」をなしていた。彼女たちは女性史の教育カリキュラム、研究テーマ、著作計画などを共に論じあい、自発的に小さな学術団体を形成した。はたして、一年もたたないうちに、斉、鄭両教授の音頭とりで、北京大学に正式に「女性歴史文化研究センター」が発足した。一九九一年一月二二日のことである。

かなり後になって知ったのは、たまたま名前だけは早くから知っていた劉乃和《リウナイホ》教授だった。劉先生はわが国の学界知名人士の中では、かなり早く女性史に注目した研究者のひとりで、そのためわたしはずっと敬慕の念を抱いていた。

一九九〇年五月、劉先生は河南省婦女幹部学校の招請によって講義のために鄭州を訪れた。幹部学校が主催した「女性史教員養成講座」に花を添えるためで、中国の昔の有名な女性について語り、女性の意気を高めた。講義の合間に、すばらしいことに、七言絶句二首を祝いとして詠んでくださった。

尊男卑女二千年　豫省首開風気先
妙筆写成婦女史　弘揚優秀半辺天
（男尊女卑の二千年に、河南省が先だって旧習を打破した。名文で女性史を書きあげ、天の半分を支える優秀な女性を称える）

徳才女子本超群　摧残圧抑志未伸
今日深研婦女史　接班能有後来人
（才徳すぐれた女性はもともと多いのに、抑圧のため志が伸ばせなかった。今

日女性史を深く研究し、後に続く人が出るように伝えよう）

彼女の鄭州来訪を聞いて、わたしは挨拶にいった。腰をおろしたとたん、余計な話は抜きで、ズバリ女性史の話になった。わたしは「中華女性博物館」建設の構想を話した。博物館は歴史を中心とした基本構成にしたいと話しだすと、聞き終わらぬうちに彼女は興奮し、またたくまに「役」にはまりこんで、なじみの深い中国史上の有名女性のなかに浸りはじめた……。

彼女の情熱は忘れがたく、彼女の提案も忘れがたい。わたしたちがまさに手がけようとしていた仕事のことも、彼女は忘れず、北京に帰るとすぐに手紙で問いあわせてきた。彼女の問いあわせは鞭となり、わたしたちは馬から下りるわけにはいかず、さらに加速しないではいられなかった。

このような史学界の友人たちとのつきあいは、わたしに喜びを与えてくれる。

わたしにはさきに、二つの抗しがたい誘惑があるといった。ひとつは未知の誘惑、もう一つは歴史の誘惑だ。未知を探索した結果、名を歴史にとどめることができるかもしれない。けれども「名をとどめた歴史」は後世の人のものであり、われわれ世俗の凡人にどれほどの楽しみになるだろう。だからわたしは生きていて、史学界の意気投合できる友人たちとつきあうほうが、「名を歴史にとどめる」よりずっと楽しいにちがいないと思っている。

歴史研究者の一団の参加によって、中国女性研究には溌剌とした生気がもたらされ、中国女性学創設の堅固な礎石が敷かれた。

この礎石の上に、一代一代とさらに完全でさらに自由な「人」の群像が立てられるだろう。その礎石の下に、わたしは彼女（彼）らの姿、彼女（彼）らの不滅、そしてわたし自身の絶えることのない生命の泉をみいだすのだ。

（1）六〇は高齢者、三八は国際婦人デーの日付で女性を意味する。農業を高齢者と女性が担っていることで、日本でいえば「三チャン農業」。

（2）後漢の班昭が書いた女訓書で、儒教社会で女性が守るべき戒めが書かれている。

（3）中国の人民代表大会は各行政体レベルの最高議決機関とされているが、実際には政府による提案を全会一致で可決するのが慣例だった。呉青は北京市の人民代表をつとめていた。八〇年代半ば以降の民主化の進展によって、棄権や反対が許されるようになったが、それを最初にするのは勇気のいる行為だった。

第一八章　東と西のあいだ

ハーバード大学で開かれた「中国女性研究」会議[1]の席上で、わたしは中国女性解放の歩みを例にして、「西方フェミニズム」の局限性に触れ、国際女性研究の発展が多元化しつつあると発言した。

それに対する反論として、三つの鋭い質問が出された。

一、あなたが理解している“Feminism”とは何なのか？

二、あなたはなぜ「西方」フェミニズムというのか？

三、あなたのいう「中国的」性格は、“Feminism”と結局どこが違うのか？[2]

概念をめぐる争いは、現代中国研究（女性研究を含む）の大きな落とし穴だ。現在のことを語るのに、わたしたちが用いる理論概念は、ほとんどすべて欧文から輸入した「翻訳語」なのだから。「マルクス主義」や「フェミニズム」のたぐいは、ほとんど土着化という歴史の検証を受けることなく、直接に中国の問題に適用された。学者たちは啓蒙の心がはやるにまかせて、概念の「真の」意義を解釈し、国民になにが「真の」主義かを告げることに全力を注いだ。ほとんど誰も、それらの概念を使用する前に「概念が示すもの」と中国の現実（あるいは歴史）との距離を明らかにしなかった——そこで、誤りが続出した。

誤りは論理的判断においてではなく、実際の応用にあらわれる。もし判断する人が直接の応用をしなくていいのなら、その誤った判断によって西方の学術界と対話をし、博士になろうが国外で研究しようが、たいした間違いはないかもしれない。

女性研究の不幸はまさにここにある。理論や哲学の上でどんな高みに昇華しようが、結局は実際に応用しないわけにいかない。それも社会生活にとどまらず、さらに私的な領域や、精神の世界にまでおよぶ。とりわけわたしたちが暮らしている中国の地では、およそ公認された「理論」というものは、いつも上から下へ、権力のルートを通っておろされてくる。もしも女性研究が生活を分析し生活に役立つことができなければ、この地に生活している女性たちと一体化することはできない。そもそも現在の中国に生存の場所がないばかりか、今になっても足場さえなかったかもしれない。

わたしが「落とし穴」を恐れているのは、「西方」を恐れているのではない。西方の「真」と中国の「真」の間には、差異があるにちがいないと思っているのだ。わたしの考えでは、人文科学が自然科学とちがうのは、求める「真」が統一された概念を前提としているのではなく、客観的で置き換え不能な歴史的存在が前提であることだ。東と西の間では、同じような理論概念のなかに、まったく違う歴史（文化）的意義が含まれていることがありうる。だからわたしはマルクス主義にせよ、フェミニズムにせよ、概念にはできるかぎり慎重に対する。わたしはこれまで中国研究において、まだ「差異」を見いだしていないいかなる「西方の」概念も、ほとんど用いてこなかった。

しかし、質問は出されてしまった。しかも大会の場で質問するという形では、避けるに避けられない。そのうえ、三つの質問の裏には、三つの言葉が隠れていることが、わたしにははっきりわかった。

一、あなたが理解している“Feminism”は、真のフェミニズムではない。
二、Feminism は世界的なもので、あなたの言うような「西方の」ものではない。
三、だから Feminism 以外に、なにかほかの「中国の」ものなどありえない。

会議の後で、予想通りに質問者は三つの意味をはっきり表明した。彼女が米国で長年学び、聞き、見た（彼女は博士課程の中国人留学生だった）ことを、啓蒙し教えさとすように説いた。「真の」Feminismはこれこれだ……、あなたが理解しているようなものじゃない……、あなたは「中国の」とか「多元化」とかいうけれど、こちらのフェミニズムは今や発展して多元化した、だからこちらではあなたを会議に招待したんです、あなたが「西方のフェミニズム」というのは間違っている、Feminismは哲学であり、世界的なものだから……。

わたしはがまんしてやっと彼女のお説教を聞きおわった。留学して何年にもなる彼女は、もちろん彼女自身の観点、立場、西方世界に対するより深い理解を持っているにちがいない。中国では、外国留学をした人は他人を指導する権利を持ち、なにが「真の」（さまざまな）主義であるかを告げる最高の有資格者なのである。

わたしはこう答えた。

「とても残念だわ。この問題を持ち出したのが、ほかでもないあなた、中国の女性で、西方の女性ではなかったことが」

彼女はさらに率直だった。

「彼女たちはそう考え、そう行動しているのよ。ただ口に出さなかっただけ。わたしは中国人だからこそ、はっきりあなたに言ったのよ」

——長い論争の後、双方が不愉快になった。この結論だけが、わたしたち唯一の共通認識となったようだ。

そのじつ、「フェミニズム」に関しては、前から言いたいことがあった。ハーバードの会議でこの問題を公に提起したのは、けっして一時の思いつきではなく、長年中国で女性理論研究と社会実践に携わってきた結果なのである。

現在では、いかなる国においても、女であって、しかも女性研究に従事しようとすれば、「フェミニズム」という概念を避けて通ることはできない——このことだけでも、それが「四海に及ぼす」影響と威力を示すに十分だ。しかし、現在の中国女性研究においては、わたしたちは巧妙にそれを避けてきた。翻訳の中や、西方の女性運動を紹介するときは、啓蒙の意味でこの概念を使ってきた。中国女性に向かっては、「女性解放」「女性問題」「女性研究」などを使ってきた。

研究者を含めた中国女性の中で、フェミニストを自認する人はとても少ない——イデオロギーが抑制されていた昨日も、政治開放の今日も相変わらずだ。だから政治上の都合でそうしているとみるよりは、むしろ女性自身の価値選択にかかわることだとみたほうがいい。これは、「西方の」女性と一線を画するためではなく、「中国女性」自身の自己確認によるものだと思う。その理由を尋ねるには、中国の女性解放が歩んだ道をたどらなければならない。

ある友人はこう説明した。問題は東西の女性の間にあるのではなくて、翻訳そのものにある。Feminism は「男女平等主義」あるいは「男女平権主義」と訳すべきで、「女権主義」と訳すべきではないと。そうはいっても、ある概念がひとたび広く用いられると、それを新たに修正したり他の概念に変えることはとても難しいことはみんながよく知っている。また、そうする必要もないだろう。Feminism についていえば、どう翻訳しても、三つの原則的な問題に触れざるを得ない。すなわち、(1)男性をモデルとする、(2)平等を目標にする、(3)権利の視点。

これを中国女性についていえば、次のようになる。

(1)今日中国女性が手にした解放は、社会全体が共同して押し進めた結果である。さらにいえば男性は、中国に最初に Feminism を紹介した。今に至るまで、男性集団は女性の対立物にはなっていないし、女性研究が理論のうえで批判したり槍玉に挙げたりする対象ではない。女性の屈辱については、歴史により多くの責任があり、男性の意志によるだけではないと考える。

(2)中国においては、女性の社会的解放はたまたま「立法」によって先取り的に実現された。「権利」は女性がさらなる解放をかちとるための背景であって、現実の運動目標ではない。

(3)「平等」は中国において、かつて国民全体の社会運動の基本原則だった。それが発展する過程で、その弊害も余すところなく暴露された。中国女性がかつて「平等」の恵みを受けたことは確かだが、今はまさに「平等」のとばっちりを被っている。したがって、Feminism を「男女平等主義」「男女平権主義」と訳したところで、中国女性がこの旗印をあらためて受け取るとは思えない。

わたしの考えでは、東西のあいだ、とりわけ東西の女性のあいだでは、「人」および「女」という意味で一体化することが、互いに尊重し、互いに理解しあう前提である。しかし実際上「何」と一体化するかについては、これまでさまざまな意味深長な競り合いがつきまとってきた。たとえば、Feminism は世界の女性解放運動の中で一歩先を歩いていたし、発展した国に出現したために生まれつき「先駆者」の形象を持っていた。そのうえ多くの先進的な人々を生み出し、彼女たちは世界の女性たちの模範になっている。理論の上では、中国のような発展途上国で、Feminism と一体化することは、願ってもない時流にかなったことにちがいない。それでもあえて一体化しないのは、すでに違う道を歩いてきたし、自分たちの道を歩むことで成長してきたからだ——足はすでに十分発育している、わざわざ「足を削って靴に合わせる」必要があるだろうか。

さらにいえば、哲学のうえでも方法のうえでも、女性解放はただひとつの旗のもとに集合し、ただひとつの基準しかもちえないものだろうか。一元化の主導勢力はこれまで禍をもたらすものだった。もちろん過去の「男性中心」社会においても、極権〔中国のような極端な集権〕政治においてもそうである。女性についても例外ではない。Feminism は女性解放運動において重要な働きをした。それは疑いなくひとつの旗であり、とても重要な基準である——それは主として西方の女性が世界に対してなした貢献である。しかしフェミニズム以外に、さらに広い天地、さらに多くの選択肢がないとだれに断言できるだろう。わたしたちが違った道を選んだのは、世界女性解放運動への中国女性によるひとつの貢献とみなすことができないだろうか。

そのため、ハーバードでの会議の席で、限られた時間の中で、わたしはさきの三つの質問に対して大まかな答えをし、三点につき意思を表明した。

第一に、わたしはいかなる理論概念も、すべて歴史の産物であり、それゆえ特定の歴史内容と歴史的限界を持つと考えている。その限界を認識し明確にするのは、自然科学における「証明」と「定義」のように、それを実際の運用において「ひろく四海の基準となす」ための絶対に必要な前提である。フェミニズムも例外ではない。

第二に、わたしが「西方の」フェミニズムというのは、思潮にしても運動にしても、フェミニズムはまず西方社会に発生したものであり、工業文明の産物であるからだ。歴史が証明するように、フェミニズムは西方の女性解放運動において非常に重要な役割を果たした。それは旗であり、基準であった。しかし非工業文明の国においては、西方の思想的影響をいかなる形で受けたにせよ、その女性解放運動においてフェミニズムが主流になったことはなく、ひいてはその得失をはかる主要な基準ともならなかった。だからわたしは、東方・非工業文明国家と対比して、それが「西方の」ものだというのだ。

第三に、フェミニズムの限界についていうならば、わたしはひとつの歴史的事実を尊重すべきだと考える。すなわちこの一世紀で、全世界の女性の生活には大きな変化が生じ、程度の差はあれ解放を手にしたということだ。この成果は、フェミニズムだけの功績ではないだろう。各国の女性史を考察すれば、あるいは社会主義革命を、あるいは民主運動や民族解放運動を経て、あるいは「国連女性の十年」の追い風を受けて、あるいは明らかに宗教やその他の人道主義の道を通って解放に達した。これらの国の女性にとっては、フェミニズムが旗印になったことはなかったし、彼女たちがひきつづき解放を求めるための目標ですらない。それは彼女たちの生活の外にあり、それによって彼女たちの生活を解放するには十分ではない。このような事実を直視するなら、全世界の女性たちに同じ目標に向かい、同じ基準と同一化することを求めるよりは、いっそこのさらに開放的な、さらに多元的な世界と同一化したほうがいい。そうすることで女性解放の道をさらに広げ、女性研究の視野をさらに拡大しよう。それとともに、われわれの生活における選択もさらに広がり、異なる歴史、異なる文化をもつ女性の間の理解もさらに深まることだろう――それこそが、全世界の女性の相互の同一化、相互の助け合い、共同の発展の前提である。

――このような視角から中国女性とその問題を扱った本は、東西の女性のあいだの理解と共通認識を、すこしでも増すことになるのではないだろうか。

いかにしてフェミニズムを歴史的に公正に評価するかという問題は、この短い文では論じきれない。わたしはいつか、わたしたちが中国女性解放の道と中国における女性研究の発展を例として、西方の女性運動とフェミニズムの発展を東方の視角から評価できる時が来るだろうと思っている。

哲学も歴史の総括のひとつであり、成熟にむかう現実の運動が認識を昇華させたものである。女性解放がここまで歩んできたので、わたしたちはいまやはっきりと見ることができる。フェミニズムの超越は、国際女性運動が現実の窮地を脱する出発点だった。今日それは、女性研究が哲学上の窮地を脱する出発点にならないだろうか。

（1）一九九二年二月七―一〇日、ハーバード大学で開かれた「中国をジェンダー化する：女性・文化・国家」と題された会議。中国女性学の研究者が初めて国外に出て、外国のフェミニストと交流した歴史的な出来事だった。会議の成果は、*Engendering China*（Harvard University Press,1994）と、《性別与中国》（北京三聯書店、一九九四）にまとめられた。

（2）本章でフェミニズムと訳したところは、原文は「女権主義」、英語のままの所は、原文も同様である。

終章　終わりに　ひとりの東方女性の自省

二〇世紀の女として、二〇世紀の東方の女として、ひとつの世紀が終わろうとしているときに、世紀の頂に立って広大な人の世に流れた長い歳月を俯瞰し、聖賢たちと同じように時代に向かって願を掛け、生命をかけて願を解く——これはひとつの奇跡ではないだろうか。

それぞれの世紀はそれぞれの奇跡をなしとげ、長々とした歴史の大河の中に、「その」世紀の記念碑を建てた。

二〇世紀は女が「人」になった世紀であり、それゆえ二〇世紀は全世界が「人」に向かった世紀である。女性が社会の舞台に登り、東方が世界の事業に携わる。それはまだ始まったばかりとはいうものの、ついにもう始まったのだ。そこで、一人の東方の女が高所から遠くを望み、時代に願を掛けることができる今日がやってきたのだ。

女が置かれた谷間から出てゆこう、女たちをつれて。なぜならかつて女に向かって歩いていったのだから。東方が位置する谷間から出てゆこう、東方を伴って。なぜなら魂は東方と結ばれているのだから。それには全く新しい視野、広い懐をもたねばならない。

わたしが女に向かって歩いていった道程は、ひとつの信仰を再建する道程だった。卑屈から自信へ、痛みから安らぎへの道をたどる間に、わたしはあまりに多くの卑小なものを正視し受け入れなければならなかった。わたしが女に向かって歩いていくことは、魂の奥深くで中国に向かい東方に向かうさらに多くの歴程を刻むことだった——これは「人」の信念を再建する道程と結びついていた。

ロマン・ロランの言葉は、わたしの心の声でもある。

「信仰が存在しないなら、生活と科学のすべてが虚無になる」

わたしたちの短い生涯の中で、信仰はしばしば破壊され、そのたびごとに建てなおさなければならない。先人を咎めることはできないし、歴史を咎めることもできない。真の信仰は足元の大地から生まれでて、わたしたちの心の中でのみ成長できる。

わたしはすでに、わたしの「再建」を完成した。わたしの信仰は、女に対して、中国に対して、東方の女である自分に対しての認知からくるものだ。わたしはそのために自らを信じているが、自惚れてはいない。なぜなら、この偉大な時代の中で、東方に生まれ、女の身であって、世紀の頂上に立つことができるのは、時代の恩恵をたっぷり受けているからだとよくわかっているから。

そこでわたしは時代に願を掛ける。古い東方の女が長い間ひそかに抱いていた信念を献上しよう。

血の一滴ごとに人々の恩恵をみいだすことなくして、どうして自覚的に命のすべてを億万人が共生共存する世界に献上することができるだろう。

わたしは自省するのが好きだ。自省はわたしの秩序である。毎日毎日、自我意識がやっと芽生えた日から、今日までずっと。

自省の中で気がついた。わたしはもともと無一物だと。

女であることを卑下はしないが、時代に対して多くの借りがあると痛感する。生命の継続を除いては、われわれが世界のために創造したものはじつに少ない。わたしたちは社会に出て、平等の旗のもと、既存の文明を安心して占有し享受している。この全文明は、大部分が歴代の男たちが血と汗と命をもって鋳造したものにまちがいない。わたしのあらゆる知恵は、堆積された千年の文明以外から来たものではない。人の恩恵を受けた時は、感謝するのがあたりまえだ。わたしは人のものを奪って「これもわたしが創造したものだ」と強弁することはできない。男はわたしの父や兄であり、わたしは彼らを愛している。不公正な歴史は、必ずしも男の不公正な作品ではない。天秤の両側から錘を取り除いてはじめて、歴史の平衡をとることができる。失ったものはなんだろう。わたしたちはみな探している。わたしたちは自分をとりもどした、でもそれで全部では決してない。わたしたちの男をとりもどして初めて、全人類をとりもどしたことになり、そうしてこそわたしたちの幸福をとりもどすことができる。

東方の女として、わたしは西方の女性に感謝する。西方フェミニズムの大潮流の直撃がなかったら、西方女性の百余年の集団闘争がなかったら、二〇世紀の全世界の女性の目覚めは起こらなかった。中国の女として、わたしは社会主義革命に感謝している。マルクス主義が中国に伝播されず、無数の中華の娘たちが犠牲の血を流すことなく、「中国人民はいま立ち上がる」という偉大な予言と、それによって巨人が立ち上がることがなかったら、ここで一人の女が「女に向かって」ゆくことを語るすべもなかった。

これらすべてに、わたしは心を捧げたい。

東方の人間である中国人として、わたしはいつも労さずして得ることの幸運を喜ぶと同時に恥じている。この世紀に生きていればこそ、わたしたちは世界文明の成果を十分に享受し、世紀とともに前進することができる。

わたしはかつて上からそそぎ込まれた共産主義の信仰を幸運に思う。それは幼いわたしの心に全人類の幸福と解放のための「献身」の種を植えつけた。時代の手によって心の中に彫り込まれた世界絵巻を幸運に思う。子供時代の胸の中は、果てしないロシアの草原であり、カチューシャの歌がはるかに響いていた。漂泊流浪の青春時代は、〔最初の革命根拠地である〕井崗山の清泉からパリ・コミューンの高い壁まで、家の垣根も国の束縛もなく、心は遠く遠くへと飛翔した。西方から来たマルクス主義学説に、まるで家宝のように祈拝した。ひたすら学問を求めた時期には、西方の学問の風が四方八方から吹き込んで、胸中には数世紀にわたる風雲が吹き荒れた。世界に顔を向けたときには、国の門が大きく開き、祖国と共に立ちあがって、新しい世紀の到来に呼びかけた。わたしは時に恵まれないとはとても言えないと思ってきた。ひとりの女として、ひとりの東方の女として、この時代この国に生まれたことは、すでに大いなる贅沢であり大いなる幸運である。

東方の人間である中国人として、わたしは恥じる。すでにあまりに多くを西方文明に負っているから。不朽の人類精神を掲げて宇宙に鳴り響き、永遠にわたしたちの心を満たす偉大なベートーベン式の音楽を創造したのは西方文明であり、現代科学文明を創造し、人類生活にかつてない豊富と安逸をもたらしたのも西方文明である。それはまたわたしの生活に、多くの楽しみをもたらした。西方文明の意志はオリンピックを創造し、全人類の平等・団結・正義・平和を制度化する道程を押し進めた。まだまだある、国際児童救援キャンプ、グリーンピース運動、国連の創立からノーベル賞まで……これらすべてに対して、わたしは敬服し、恥じ入る。

年に一度のウィーンの新年コンサート、四年に一度のオリンピックのたびごとに、わたしは感動にゆさぶられる。名付けようのない涙がほとばしり、心の中から血が流れ出すように、滴る血の音を聞く。わたしは自らを捧げる!

ああ、わたしたち東方、わたしたち女、わたしたちの順番が来たのだ。わたしたちは世界に何を捧げることができるのだろう。

自らを捧げるために、わたしは自省する。

わたしの生活、わたしの精神、わたしの性格は、さらに西方文明の恩恵を受けている。わたしには精神上の永遠の友が二人いる（これはずっと心の奥の秘密だった）が、二人とも西方の人だ。未知を探索する道程で、アインシュタインは終生の友であり、わたしは宇宙に面と向かうときの静謐と泰然を彼とわかちあう。人生の道程ではロマン・ロランが永遠の心の伴侶だ。彼の愛する山はわたしの愛する山であり、わたしたちは世紀の山岳を隔てて対話し、生の調和の境地をうまずたゆまず探し求める。わたしは彼らを愛している。彼らゆえに、わたしは永遠に孤独ではない。

しかしわたしは、この土地を捨てて西方に「文明を尋ねて」いくつもりはない。わたしにとって西方文明の人類に対する最大の貢献は、人類自身が抽象化した偉大な精神――人類の自尊自愛の精神である。この精神はすでにわたしの魂に浸透し、わたしが暮らしているこの土地と、この土地を耕している人々をさらに深く熱愛させる。

なぜならば、わたしの生命、わたしの誇りと屈辱、わたしの歓喜と苦痛のすべては、みなこの一塊の土地と一片の青天に由来するものだから。小さな草であろうと大樹であろうと、足下の一塊の土地がなければ、無限の青天を享受することができるだろうか。それこそまさに、わたしの民族意識である。わたしの民族性とは、じつはとても卑近で些細なもの、わたしの親族、恋人、先生、同僚、仲間からくるものだ。わたしは彼らを愛している、彼らはすでにあまりに多くの愛をわたしに注いでくれたのだから。

わたしの血の中では、すでになにが東方でなにが西方か、なにが男でなにが女か区別できなくなっている。ただわたしは、すべて人から恩恵を受け、わたし自身は無一物だと知っているだけだ。けれどもそれゆえに、たぐいなく豊かである。つきぬ楽しみを生む土地と人情、あまりに広くあまりに自由であまりに情にあふれた心の空間を持っているのだから。

これらすべてのために、わたしは生活に感謝し、時代に感謝する。これらすべてのために、わたしは自分が持つすべて――わたしの知識、わたしの機会、わたしの歓楽、わたしの霊感、わたしの智恵、わたしの心中の愛――を捧げる。同じ時代に生きるすべての人に。

付録資料

付録一

中国における新時期の女性運動と女性研究

李小江

「新時期」というのは女性運動の専門用語ではなく、中国における社会変革の中での一定の時期を指す。厳密にいえば、一九七八年末から一九九三年末まで、すなわち、中国共産党第一一回大会第三回中央委員会全体会議において、経済建設が中心任務として確立されてから、第一四回大会第三回中央委員会全体会議において、社会主義市場経済体制を建設するという決定が承認されるまでである。

「新時期」は、現代中国社会の転形過程における非常に重要な一段階であり、中国社会が全面的な改革にむかうための発酵と準備の時期であった。全地球という視点からみて、この時期までの中国は、せいぜいのところ東方の一部であり、東西冷戦の中での社会主義陣営の一員にすぎなかった。この時期以後、中国は旧陣営から抜け出ただけでなく、旧体制から離脱する陣痛を終わらせ、市場経済に導かれて全面開放をなしとげ、世界の公民たる役割にふさわしくなるよう全面的な調整をおこなった。

この「新時期」と同時に、中国女性運動の一連の動きも生まれた。中国というこの地に芽生えたとても特殊でとても広範な、とても個性的でまたとても普遍的意義をもつ女性運動も、この「新時期」の収束とともに一段落を迎えた。この歴史の一段階からまだ一、二年しかたっていないが、わたしたちは今日いたるところにその影をみつける。十余年の女性運動の成果は消え去るわけがないばかりか、その頑強な生命力は今後の女性の発展に影響を及ぼす可能性をもっている。それでもわたしたちは、やはりこの時期について、時期を失することなく歴史的な整理をおこなう必要がある。

新時期女性運動の歴史的概観

新時期の女性運動は、はっきりと四つの発展段階にわけることができる。

第一段階：女性問題の誘発期（七〇年代末―八〇年代初め）

この時期は、文化大革命が終わったばかりで、社会全体がすべてを廃して新しいものが興るのを待つ状態にあり、思想はかなり解放され、政治はかなり寛容だった。そのため女性に関する問題は、二つの異なる方向から自然発生的にわきあがってきた。

ひとつの方向は勢いが強く、思想解放における主流をなした。それは、知識女性のあいだから起こった、十年の文革や繰り返された政治運動の中で女性に負わされた特別な運命への反省と、女性の役割の歪曲に対する訴えだった。これらはとりわけ、新時期初期の女性作家たちの作品に集中的に表現されている。一九四九年の解放以来ながらく抑圧されてきた女性意識がついに芽を吹いて、「女性の声」を発し、女性のとまどいを社会につきつけた。

もうひとつの方向は勢いが弱く、人口問題と結婚家庭の問題に集中的にあらわれた。計画出産政策の強化によって、女の赤ん坊を捨てたり殺したりする男尊女卑の現象が急増し、結婚家庭に関しては旧劇の「秦香蓮」物語のような古女房が捨てられる問題が復活して、別々の方向から世間を驚かせた。伝統中国に深く根を張っていた男尊女卑の思想意識は、三〇年以上続いた政治運動と社会主義女性解放運動によっても消えていなかった。「秦香蓮」の復活は、女性自身の側から、男に頼る弱い女という型が、依然として中国の結婚家庭構造における男女の力関係の主流であることをはっきりと示した。

いまやこれらの問題が生まれた背景を、安易に封建社会のせいにすることができないのは明らかだ。わたしたちはすでに、三〇年以上にわたる女性の社会的解放の歴史をもっているのだから。これらの問題は、前者のように新しいもの、後者のように古いもの、いかなる性質のものであれ、少なくとも女性界に対して警鐘を鳴らした。新中国においてさえ、女性問題は消滅していない、女性を軽視し虐待する行為は依然として広い市場をもっている、と。

さらに重要なことに、わたしたちの世代の女は、「男女平等」な社会生活の中から、自分の生身の体験から、ひとつの真理を体得した。それは、男女平等な社会生活の中でも、女はやはり男と異なる、男と同じにはなりたくない自分自身の要求と問題をかかえているということだ。まさにこの切実な体験によって、女性意識はいわゆる「男女平等」（実際には依然として男性中心）の統一された社会規範から分離することができた。そして、女には男と異なる標準があり、男の標準は女の標準を代表できないという認識に達することができた――ここに、女性の主体意識がはじめて姿をあらわした。新時期を語るとき、この段階はとても重要だ。

第二段階：理論探索の時期（八〇年代初め―八〇年代中期）

現実生活の中の問題は、いつでも理論探索のもっとも直接的な原動力のひとつである。前述の問題に対して、理論探索は最初、非常にはっきり的を絞った現実的な形であらわれた。

その一は、日増しに深刻さを増す人口問題において、以前のような一色の政治宣伝や一律の政治的レッテル貼りから、科学的宣伝に方法が変わり、それに「護権運動」（女性と子供の合法的権益の擁護）が伴った。「護権運動」は全国婦女連が計画出産と結びつけて提起したものだが、人口を抑制することだけが目的ではなかった。この活動は、現代の中国婦女連の歴史の中で重要な意味をもっている。「護権運動」の中で、婦女連は女性自身の資質の問題にも注意を向けだした。これは、のちに全国婦女連が「四自」（自尊・自愛・自強・自立）というスローガンを提起した重要な原因のひとつとなった。

その二は、結婚家庭の問題である。第二次婚姻法の公布[1]（一九八〇年）は、劣勢にあった「秦香蓮」たちにとって「泣き面に蜂」でしかなかった①。婦女連が提起した「護権運動」は「道徳法廷」やそれに関する「道徳論戦」をひきおこし、広く社会の関心を集めた。「論戦」の中では、女性の状況や女性解放問題に関する新しい探索や、三〇年来の女性解放理論に対して挑戦的ともいえる見解が数多くだされた。

人口問題と結婚家庭問題の中から噴出した問題は、旧中国の封建伝統勢力の余勢と残響がまだ残っているからだと説明できるかもしれないが、それでは、女性作家の作品に反映された知識層・有職女性の問題はどうかといえば、そんな簡単な結論はだせない。たとえば、女性の自我意識の問題、女性管理職の結婚と仕事の両立の問題、職業女性の過重な二重役割負担の問題、高年齢の未婚女性の問題、「男らしい男」の追求や感情的な欠落感の問題、ひいては強い女という「女性のオス化」問題や男女間の意思が通じない「性の溝」の問題など。これらはみな新しい女性問題、解放された女性の問題であり、今日のわれわれの社会が生んだ、われわれ自身の生命に源を発する問題で、避けたくても避けようがない。それはわれわれの世代の知識女性の生命の歴史全体についてまわるかのようだ。社会全体からみれば、これらの問題は膨大な女性たちの中で普遍的ではないかもしれない。しかし、これらは主体意識にすでに目覚めた中国女性が精神世界と社会生活の中で歩んだ真実の歴史の記録であり、中国の女性が進んでゆく道に横たわる問題と、ねばり強く探索すべき方向を反映している。

現実生活の中でおこったこれらの女性問題は、女性理論の探索を誘発した重要な原因のひとつだった。このような背景のもとでは、理論探索の重点は、まず長年われわれが信奉してきたマルクス主義解放理論におかざるをえない。しかも理論探索が直面すべき実際は、とりもなおさず三〇年来われわれ自身が歩んできた道だ。わたしの「マルクス主義女性理論研究の起点および要点」（一九八三年）および「中国女性解放の道の特徴」（一九八四年）は、このような理論と現実の板ばさみの中から世に出たのだ。

この時期の理論探索におけるもっとも重要な成果は、ついに「女性」と「女性問題」を専門に語ることができるようになったことだ。すなわち、意識形態の上で、理論の上で、女性を抽象化したことである。女性問題が出現したからには、黙っているわけにはいかない。この段階をふりかえって嬉しいことは、理論研究が実際運動の歩みに追いついたことだ。たとえマルクス哲学の枠内であっても、われわれは女性の抽象化が合理的であるばかりでなく必要でもあることを論証したのだ②。

第三段階：新時期女性運動の高峰期（一九八六―一九八九年）

一九八六年初め、中国の社会改革は農村から都市に方向を転じ、そのため有職女性をめぐる一連の問題が噴出して注目を集めた。社会全体の広範な関心、とりわけ、知識層・有職女性の自覚的な参加と推進によって、新時期の女性運動は高潮期にはいった。

それは主として次のような形であらわれた。

一、多くの民間女性組織が土を破って頭を出した。

二、各種各様の女性研究組織があらわれた。とりわけ、各地域の婦女連地方組織と各界の知識女性が手を結び、女性界に全面的協力の態勢が生まれた[3]。

三、女性向けの新聞雑誌が空前の盛況（これまでの三〇年と比べて）をみせ、女性自身の声で人々に暁を告げた。いろいろな女性問題が社会全体で論議され、女性運動の全面的発展に重要な影響を及ぼした[4]。マスコミも女性運動の発展を後押しした。とりわけ『光明日報』の関連報道は、知識界と女性知識層に大きな影響力をもった。

四、女性学の最初の枠組が作られた。一九八八年までは、女性学に対してさまざまな論争があり、ひいては政界からの圧力すらあった。この段階になって、女性学はついに政治の檻と学術のタブーを抜けだして、大学の教壇に上った。「婦女研究叢書」の刊行は、この時期の重要な成果のひとつである[5]。叢書の中の一冊一冊にはあれこれ不足な点があるにせよ、全体としてみれば、中国における女性学の建設にかなり堅実な学術的基礎を築いたことにまちがいない。

五、都市における改革という新しい情勢のもとで、大量の女性問題が日を追って噴出し、たちまち流行の話題になった。都市における改革は、女性の職業問題、女性の社会的地位の問題、女性労働者のリストラ失業、出産育児基金[2]、女性の政治参加[3]、女子大学生の就職難など、一連のデリケートな問題を触発し、現実に向き合って深い検討をせざるをえない状況を生みだした。「五四」の時期に比べると、この段階の女性問題は明らかな発展をみせており、すでに女性の発展と社会の発展との「相互運動」の性格を示している。

六、女性の自我認識教育が、とりわけ人の心に深く入り、社会の基層に深く入った。学界と女性界の共同の努力によって、内容も形式もさまざまな女性教育が広範に展開され[6]、中国女性の主体意識と女性としての群体《グループ》意識の覚醒と発展を積極的に推進する役割を果たした。

まさにこの一時期、各界の女性たちが異なる領域、異なる方向で群体として動いたからこそ、新時期の女性による一連の自発的行動は社会に影響を及ぼす広範な女性運動にまで発展したのだ。

思いめぐらす意味があるのは、まさにこの高峰期、わたしたちは女権や人権を求める過激な叫びをあまり聞かなかったし、社会を震撼させるような行動もなかったし、ましてや女権主義《フェミニズム》の権利要求はほとんどなかったことだ。前の段階で人口と結婚家庭問題に伴った「護権」の呼びかけさえ相対的に弱まった。それでは、これらの動きをなぜ「女性運動」と呼ぶことができるのだろう。この問いは、またひとつの問いかけを呼び起こす。「女性運動」をどう区別するか。「新時期女性運動」をどう区別するか。

わたしの考えでは、女性運動はある種の具体的な社会グループの行動で、一般の社会運動と軽々しくいっしょにはできない。なぜなら、「女性」という具体的なグループは、その他の社会グループとは異なる特殊な性質と利益を必然的にもっているからだ。社会生活の中で女性が「仲介者」の位置にあるため、女性によるいかなるグループ行動も関連する社会的なフィードバックを受けざるをえない（しかも、必ずしも社会運動とは限らず、結婚、家庭、児童、就業、人口等々において）。同時に、「女性運動」であるからには、そのグループのいかなる階層も排除することはできない。そこには、国家管理階層に属する女性の動きも含まれれば、その他の各階層の女性の利益と活動も含まれる。

それでは、実際の運用において、どんな基準によって女性の社会的行動が「女性運動」であるかないかを区別すればいいのだろう。わたしは、三つの基本要件を考えている。一は運動の主体で、女性が起こし女性が主導すること（これによって、一九二〇、三〇年代の「女性革命」とも、一九四九年以後の「女性解放」とも区別される）。二は目的で、ほんとうに「女性のため」であること（これによって、たとえば世界大戦による女性の社会進出のように、「客観的に女性解放の働きをした」ものと区別される）。三は過程で、女性が個別に自発的にグループとしての協力にむかう自覚的な社会行動であること。このような意味で新時期の女性たちの一連の行動をながめれば、結論はほぼ一致するだろう。

いわゆる「新時期女性運動」を今日の歴史的地点からふりかえると、次のような主要な特徴がすでにはっきり見てとれる。

一、それは一九四九年以後、社会主義によって女性が全面的に形作られたという事実を基礎として生まれた。男女平等の社会的権利という法律基盤と、女性の広範な社会参加なしには、新時期の女性運動は起こりえなかった。しかし、八〇年代の女性運動は、三〇年来の国家による政治運動の自然的延長では決してなかった。それは共産党や国家が組織したものではなく、女性の自発的行動が中心だった。前者と後者では性格がまったくちがう。これはまた、男女平等の獲得、社会参加の権利と参政権を求めた西方のフェミニズム運動の出発点および社会的背景とも大きく異なる。

二、新時期の女性運動は女性が自発的に起こしたもので、その点で二〇年代の女性運動と同じではないが、また単純な女性の行動でもない。新時期の女性運動には、多元的な社会的起点と多元的な利益の方向という特徴が特にはっきりあらわれている（たとえば、学界においては学界の支持と保護、工場では労組の支持、農村では地域婦女連の支持……）。この運動は女性のものであると同時に社会のものでもあった。すなわち、国家が女性を改造した歴史の影響を体現してもいれば（その影響はすでに関連する社会の各領域にしみこんでいる）、社会の伝統的規範から離脱したいという女性の強烈な独立意識を表現してもいるし、社会の発展と女性の進歩の相互促進相互作用という特徴を示してもいるのだ。

三、新時期女性運動の中堅となった力は、新中国の国家女性政策によって作られた新しい世代の有職知識層女性である。彼女たちの先駆的な行動は、とりわけその職業的性格が反映された女性研究と女性教育にみられた。そのため、女性教育のひとつの重要な特徴は伝統的意識形態からの離脱であった——これは現代中国女性の理性がみずから目覚め、女性運動が自発的に自覚にむかうための前提である。そして女性教育の重点は、一貫して女性の主体意識を呼び覚ますことにある。事実が証明しているように、現在の中国においては、女性研究と女性教育は女性運動に後れをとっているのではなく、その逆に、新時期女性運動の先駆者である。これもまた、現代の西方における新フェミニズム運動とまったくちがう重要な点のひとつだ。

ひとことでいうなら、こう総括することができるだろう。新時期女性運動は、国家による女性の改造という基盤の上に誕生した。つまりその結果でもあり、その発展でもある。新時期女性運動は、中国女性という主体の真の目覚めであり、伝統（国家による女性解放という伝統も含めて）との決裂、さらにその群体《グループ》が自発的に自覚的に自分自身の利益を確認し擁護するようになる成長の過程である。

第四段階：成果を固め、さらに深い発展へ（一九九〇—一九九三年）

この段階の女性運動の発展については、とりわけ注意すべき特別な現象がある。すなわちこの段階は、一九八九年の風雨〔天安門事件〕をへて、中国の政治状況は非常にデリケートになり、社会改革は全面的に萎縮し、他の社会グループはほとんど声を上げることもしなければ、自ら動こうともしなかった。ただ女性だけがこの時期に空前の活躍をみせ、あらゆる面で行動し、発展を深めた。各階層の女性は自然発生的に歩調をそろえて行動し、一連の重要な成果をかちとった。

まず、もっとも底辺にいる女性たちがこれまでにない自覚をみせ、広く社会に参加した。たとえば、農村女性の職業役割の変化、小都市や町の女性労働者の新たな職業選択、さまざまな階層の女性による営利団体やサービス機構の設立などで、これらの社会参加はいずれも女性を主体にし、女性の発展を目的にしたものである。(4)

つぎに、学術界では、大学や研究機関に多くの女性研究センターや研究グループが誕生した。女性研究は人文科学の中に広範な科目をたて、大学では関連する専攻課程を設立し、女性研究と女性教育を制度化する道をおしすすめた。

三つめに、権力の領域で、全国婦女連の主要メンバーは「女性群体」の無権利というみじめな状態から脱出しようと、国家政権に女性の権利擁護機構の設立を訴え、女性省設置をかちとる手がかりとして「国務院婦女児童工作委員会」を発足させた〔九〇年二月〕。これはこの領域の重要な成果である。

これらのことからはっきり見てとれるのは、下から上へであれ、上から下へであれ、ひとつの決まった部署でなくても、各階層の女性がみな自分の領域で自分の努力をし、女性のためにそれぞれ異なる場でひとつの場所を確保することで、女性が社会の改善をあらゆる面で促進し、女性の地位を強固にする主導的な情勢を作り出せるということだ。以前の社会が与えてくれた広範な社会参加という基盤は、今日われわれが社会の各領域で広範な社会参加をおこない、女性の地位を自覚的に高める上で有利な条件となっている。

おもな成果と不十分な点

新時期女性運動は、理論の上でも社会的実践の上でも、中国女性の主体意識と群体意識の目覚めを完成し、中国女性が女性の解放と社会の発展という二本の軌道の上で、社会に形作られた存在から主導的に社会に参加するようになる歴史過程を完成した。

新時期女性運動と女性研究の第一の成果は、理論上の重大な突破――政治のタブー、学術のタブー、意識形態のタブーを突き破ったこと。女性研究の先駆者たちは、女性運動のリーダーというよりは、社会の改革開放と思想の解放の前衛であり実践者というにふさわしい。

この段階では、理論探索の対抗的性格は非常にはっきりしていた。それが突き破ったのは、主として、それが対抗していた具体的な歴史的状況だった。そのため、理論探索の成果と欠陥はまさに対応しあっている。

一、理論上の第一の重要な突破は、伝統的（あるいは正統的）女性解放理論に対する疑問の提出である。この問題は、女性と階級の関係に集中される。伝統的な論法では、女性は被圧迫階級と同じ等級に属しており、被抑圧階級の解放すなわち女性の解放である。したがって、女性運動は階級闘争と分離することができない。そうでないものは、ブルジョア女権主義《フェミニズム》である。フェミニズムはべつに恐ろしくないが、「ブルジョア」というレッテルは由々しきことだ。当時の中国において、それが何を意味するか、何をもたらすおそれがあったかは、わたしが説明するまでもない。したがって、この方向での理論探索はとても難しく、純学術的な討論でさえも、政治的配慮なしにはできなかった。この問題にまつわるゴタゴタと消耗とが、グループとしての女性の行動と理論研究を深めるうえで主な障害となっていた。わたしは『イヴの探索』と『女性の出路』の二冊の著書でこの問題をもっぱら論じたが、そこにはかつてのわたしの苛立ちと探索の苦しみが見られる。今の時点でかえりみれば、われわれがこの問題を突破したことは、女性運動が独立して健康に発展するための重要な開拓作業だった。しかしそれはまた、われわれの手足を縛り、理論上さらに遠くへ行くことを妨げた。

二、理論上の第二の重要な突破は、哲学的な意味で女性の抽象を完成したこと、つまり、女性を「人」、「社会」、「科学」といった普遍的意義をもち神のごとくに奉られている伝統哲学の枠から引き離したことだ。この理論上の抽象化なしには、このような短期間に中国女性学の理論枠組と学術的基礎を建設することは不可能だったし、女性研究の草創段階で高い資質を備えた性別にこだわらない学術研究の隊伍を結集することも不可能だった。もっとも重要なのは、そのことが「処女地」に女性学を創設する学術上の信念をわれわれに与えてくれたことだ。この信念こそは、今日の女性研究が存在と発展の頼りにしているものであり、大勢の女性研究者が女性研究の領域で迅速に成長していくうえで絶対に必要な理論的前提である。

三、理論上の第三の主要な成果は、中国女性解放の道についての再認識と再評価および客観的な歴史解釈である。この面における理論探索は、新時期女性運動の土着化を主流としてゆくうえでとても重要な働きをした。香港や台湾、その他の第三世界の女性運動と比較すると、この特徴とその重要な意味はさらにはっきり見てとれる。

新時期、中国の女性運動の発展のためには、何を取り何を捨てるべきなのか。二つの方向への誘導と手本がある。ひとつは、われわれ自身の一九四九年以来の伝統である。「時代は変わった、男女は同じになった。男にできることは、女にもできる」〔毛沢東語録〕——すなわち、男の道を行くことだ。もう一方には、すでに二百年の歴史をもつ西方フェミニズム運動の経験がある。

八〇年代初め以来、われわれはこの面でふたつのことをした。ひとつは、自分たちの伝統、とりわけ四九年以降われわれが歩いてきた道と受け入れてきた正統理論を徹底的に見直したことだ。もうひとつは、西方フェミニズムの著書を大量に翻訳導入したことだ。一九八五年、わたしは『西方フェミニズム運動文選』を編集した⑦。八七年以後、西方の古典的女性理論書、『第二の性』『女性の神秘』『わたしだけの部屋』など、みな翻訳あるいは紹介された⑧。この時期、われわれにとって重要な問題は、自分たちの伝統〔国家が女性を解放した伝統〕と、西方フェミニズムの伝統のあいだで、どちらを取りどちらを捨てるかということだった。

中国女性の解放の道とその性格・特徴に関して、歴史の実際に適応した理論的解釈をおこなうのは、現実の運動の必要から始まったことだった。今からふりかえると、この領域における探索は、直接に現実の役に立ったばかりでなく、わたしたちがはっきりと自覚して自分自身にふさわしい道を選択するのに役立った。しかも、わたしたちの理論探索と実践は、現存の西方フェミニズム理論を、多くの重要な点で乗り超え、自分たちの声を発した――西方女性運動、あるいは「西方中心の」フェミニズム理論とまったく同じではない声を。たとえば、女性と国家の関係は、西方フェミニズム運動のひとつの弱点であり、そのため長いあいだ西方フェミニズム理論の盲点のひとつとなっていた。今日ではその弱点は補強されているが、それはたまたま第三世界の国の女性運動の経験と実践から学んだものだ。このこともまた、今後の国際女性運動と女性理論発展のための要となるだろう。この面で、われわれの実際の経験と理論探索は、今後の国際女性運動と女性研究の中で重要な意義をもつことになる。

しかし、その当時、「何を取り何を捨てるか」という自分自身の現実的な焦りにとらわれていたため、わたしたちの関心は自分自身（中国女性）に集中され、国際女性運動と経験を「共有」するという自覚に欠けていた。とても長い間、ずっと自分のことをしゃべり続け、自分のことをやってきた。今からみれば、自分のことをしゃべり、自分のことをする段階は、当時は不可欠なものだった。なぜなら、どっちみちあれやこれやの「主義」、とりわけフェミニズムの経験と標準をもちだして、こうしろとか、こうするなとか要求したり命令したりする人はいるのだから。社会が今日のように発展したからには、もはや自分のことをしゃべり続けるだけではすまなくなった。わたしたちは、世界各国の女性たちと経験を分かちあう義務と責任がある。わたしたちは自分のことをちゃんとやり、自分のことをきちんと話すだけでなく、新しい歴史の高みと国際女性運動の高みに立って、われわれと違う道程、違う経験をもつ世界各国の女性の発展をさらに理解・認識し、交流と協力を強め、共に人類社会の進歩を推しすすめなければならない。

このほかに、さらに二方面での成果にふれておく価値がある。

その一は、組織の形である。重要な成果は、民間の各階層の女性たちが言いたいことを言い、やりたいことをやり、異なる声を発することができるようになったばかりでなく、さまざまな利益団体を結成し、さまざまな発展の道（誤った道も含めて）を選ぶことが可能になったことだ。この成果は非常に重要であり、今後の女性の生活と発展に深い影響を与えることになるだろう。今日の情勢の中で、各地域の婦女連が自分の仕事で手一杯のとき、この種の女性組織が空白を埋め、社会の転換の中であらわれるさまざまな女性問題を緩和し、国家と社会の負担を軽減し、女性の実際生活の中で積極的な働きをしているのを見てとることができる。

その二は、学術研究の領域である。中国における女性学の建設は、出発の段階から広い学術的視野と人類科学を構築しようという高い責任感をもち、歴史・文化の各側面から人類の科学大系全体に切りこみ、見直しと構築を進めていった。このような出発点は、ほかの国の女性研究に似た例を探すのが難しい。もちろん、まさに出発の段階からこのようにかなり全面的な専門分野の枠組を構築しようとしたために、必然的に多くの未熟さからくる欠陥も露呈した。今からみれば、その未熟さは、主として各分野の理論面での不足と方法論上での欠落、また各専門分野の発展の非常な不均衡にあらわれている。その長所はといえば、十分な史料整理と点検であり、歴史によって理論を導くという特徴を示したことだ。中国女性学はそれによって成立することができたし、またそれを今後の発展の礎石とすることができる。「歴史の見直し」は、中国女性学の基礎を築くうえで省くことのできない段階であり、また「婦女研究叢書」がもつ重厚な歴史感覚の特徴でもある。

学術研究の領域で、専門分野確立に伴う重要な成果のひとつは、女性史と女性運動資料の収集、点検、編纂の仕事である。歴史の面では、すでに世に出ている全国婦女連が編集した女性運動史資料集と、各地の婦女運動資料集がある。わたしたちが今取り組んでいる「二〇世紀女性口述史」や、創設した「中華女性博物館」などもある。現実運動に関わる重要な成果としては、「中国女性の社会地位調査」とこれに関わる統計データの出版がある。もちろん、これらの仕事はそれぞれ具体的な問題点と欠陥を持っているが、全体としてみれば、歴史に対しても後世に対しても、その仕事の意義は大きい。まさに歴史の欠落を補填するものだ。

ここまでの大まかな分析の中から見てとれるのは、新時期女性運動のひとつの突出した特徴は分離だということである。

理論の上で、伝統的女性解放理論から分離した。

専門分野建設の上で、伝統的人文科学の規範から分離し、単独で専門分野を建てた。

現実運動の中で、女性が国家によって形作られるという伝統から分離し、しかも西方フェミニズム運動からもかなり距離をおいた。

このような一連の分離と、西方フェミニズム運動からの距離がなかったら、新時期の相対的に独立発展した、民間性と土着化を主流とした女性運動はありえなかったし、前述のような成果も得られなかったことは明らかだ。


全体として、こんなふうに総括することができるかもしれない。新時期における中国女性は、理論上、意識形態上、組織形式から社会行動に到るまで、全面的に国家の庇護の中から抜けだした。さらに長い目で見るならば、わたしたちはすでに、今世紀初めには西方フェミニズム運動の影響下にあった早期フェミニズム運動をくぐりぬけ、今世紀半ばには一連の民族自救運動に伴う女性革命をくぐりぬけ、今世紀後半の国家と社会主義による女性解放運動をくぐりぬけた。これらすべてを体験したのちに、新時期女性運動の洗礼を受け、わたしたちはついに自分の運命の真の主人になることができるのだ。

今日、わたしたちははっきり見てとることができる。新時期女性運動の主題は権利闘争ではなく、女性の主体身分《アイデンティティ》を求めることと、社会生活の中に女性の主体としての地位を確定することだった。その意味からは、われわれは成功した。われわれはすでに自分自身を取り戻し、いままさに、自分自身の発展と社会の発展とが結合された良い循環の道を歩みつつある。

［本稿は一九九三年に天津で開催されたシンポジウム「中国の女性と発展」の発表原稿をもとに、改稿整理されたものである。翻訳は、李小江他編《平等与発展》三聯書店、一九九七年を底本とした。］

原註

① 「離婚問題と現在の〝秦香蓮〟」、『イヴの探索（夏娃的探索）』、河南人民出版社、一九八八年、一九三―二〇一ページ。
② 詳しくは「人類の進歩と女性解放」、『マルクス主義研究（馬克思主義研究）』、一九八三年、第一輯、人民出版社。
③ 詳しくは、李小江「女性研究の中国における発展とその展望」、『中国における女性研究（婦女研究在中国）』、河南人民出版社、一九九一年。
④ 詳しくは、徐春亭「新時期女性新聞雑誌発展概況」、同前。
⑤ 詳しくは、張雲梅「近十年（一九七九―一九八九）女性図書出版概況」、同前。
⑥ 梁軍「八〇年代女性教育と教育活動総述」、同前。
⑦ 中国婦女出版社、一九八六年。
⑧ 西蒙娜・徳・波娃（シモーヌ・ド・ボーヴォワール）、《第二性》、貝蒂・弗里丹（ベティ・フリーダン）、《女性的奥秘》、弗吉尼亜・伍爾芙（ヴァージニア・ウルフ）、《自己的一間屋》。

訳註

（1）中華人民共和国では、建国直後の一九五〇年に最初の婚姻法が公布された。男女の平等、自由意志による結婚をうたったこの法律は、中国女性解放のシンボルとなり、全国的な婚姻法キャンペーンが行われた。八〇年に公布された改訂婚姻法は、基本的理念は変わらないが、計画出産の実行を法文化したこと、感情が破綻した場合の離婚を認めたことに特徴がある。これによって、新しい恋人を作った夫からの離婚申し立てが可能になった。

（2）女性の産休に関わる経費は、これまで女性側の職場が負担してきたが、公営企業の独立採算化の進行につれて、費用負担を渋る企業が出始め、女性の雇用を脅かす原因となった。そのため、地方によっては行政体が主導して出産育児基金制度を整え、負担を公平にする試みが行われている。

（3）この場合は主として人民代表大会（議会にあたる）の代議員などへの女性選出。選挙が自由化されたことで、それまで女性に割り当てられていた比率が確保できない事態が生じた。

（4）市場経済が発展するにつれ、農村・都市共に経済構造に変化が起こった。公営の大企業で働いていた女性労働者がリストラの対象になる反面、小売・サービスなどの分野で起業・雇用の機会が生まれ、女性たちが積極的に関わった。また、農村では地域の小都市や町を基盤に郷鎮企業が数多く生まれた。男性農民が郷鎮企業や建設現場で働くようになったため、「男工女耕」といわれる農業の女性化現象が起こり、一部では女性が農業を主体的に担うようになった。

付録二

日本の「中国女性史研究会」との交流会

日時：一九九四年八月二日午後二時〜五時半
場所：東京、東洋文庫会議室

李　小江

東京での「中国女性史研究会」との交流会は三時間半にわたる密度の濃いもので、その間ほとんど休憩もとらなかった。前山加奈子さんが司会をし、参加者は二三人、ほとんどの人がわたしの文章に目を通していた。今年の三月から集中的にわたしの著作、『イヴの探索』、「改革の中の中国女性」「東と西のあいだ」や、ハーバード大学が主催した会議における報告要旨「女性問題の政治的隠義」などを読んできたということだった。

彼女たちのわたしに対する反響は、主として次のようなものだった。

一、大部分の見解はまったく新しいもので、中国と中国女性への認識に関して多くの示唆を受けた。

二、伝統的なマルクス主義女性観とは大きく異なっている。

三、女性研究と女性教育を結びつけるという社会的効果をもっている。
見解の違いは主として次の二つの面についてだった。
一、フェミニズムに対するわたしの評価が理解できない。
二、わたしが日本の女性研究を軽視しているようにみえる。

江上幸子さんがわたしの主要な観点を紹介した後、秋山洋子さんが日本の女性運動の紹介をした。これは日本の女性についてわたしの理解を深めるためのものだった。

ひきつづき、江上さんが一同を代表していくつかの質問をし、さらに他の人が補足質問をした。まるで一斉射撃のように、一連の質問が飛んできた。

一、「女性の群体意識」と「女性の主体意識」はどう違うか説明してください。
二、中国に「土着化」した女性運動とはどういう意味ですか。
三、フェミニズムと非工業文明国家の問題(これは江上が提起した問題で、日本は工業国家であるが、これに相応した女性解放運動があるわけではない、すなわち、工業文明国家が女性解放をもたらすとは限らない。フェミニズムを強調しないことは、政治的な危険性を持っていると彼女は考える[1])。
四、当面の中国におけるもっとも重要な女性問題は?

五、江上はとくに、わたしがまとめたフェミニズムの三要素(2)に不賛成を表明した。彼女によれば、わたしのまとめた三要素はわたし個人の理解であり、本当のフェミニズムとは違うということだ。彼女の見解は、①現在のフェミニズムは多元的である、②現在のフェミニズムはまさに「女性」性の方向に発展している、ということだが、これもまた江上幸子自身の理解だと思う。

これらの問題に対するわたしの回答は次のようだった。

第一の問題…女性の群体意識について。

「現在の中国女性研究と女性運動において、たしかにわたしが最初にこの概念を使ったのですが、それは理論的必要からではなくて、現実の必要によるものでした。とても重要なのは、中国においては、とりわけ一九四九年の解放以降、男女平等という社会的背景――あるいは政治的背景といってもいい――が存在していることです。いわゆる『時代は変わった、男女は同じになった』〔という毛沢東の言葉〕が、大々的に女性をかなり高い社会水準まで引き上げたのです。とりわけ知識層の女性と職業女性は、業績があり、女性の地位を変革する能力があればあるほど、主観的には自分が女だと認めたがらないことが多いのです。教育を受けた都市の女性は女性と一体化したがらないのですが、これは女性解放と女性運動にとっては非常に危険なことです」

「一体化」〔原語は認同、英語の identify にあたる〕という概念については、時間をかけて説明した。

「わたしたちの世代の女は、実際に女を見下しており、女の身分と一体化することは、わたしたちの世代の女にとってはひとつの思想革命にほかなりません。もし業績のある女が女性と一体化しないとしたら、わたしたちはいったい誰なのでしょう。いかなる歴史的時期であれ、それについての分析はあらゆる人の状況にもとづいてではなく、社会の中で主導的な働きをする人々の状況にもとづいてなされます。だからわたしたちは、そのような一部の人々の動きがとても重要なことをはっきり知るべきなのです。まさにその意味で、わたしたちは主導的意味を持っている社会階層、とりわけいわゆるエリート社会階層に対して、女性の群体意識を強調し、女性の群体意識の目覚めを呼びかけているのです」

第二の問題…中国に土着化した女性運動。

「これは前の問題と直接関連しています。その背景はやはり一九四九年以降の『男女はみな同じ』という社会基盤にあるのです。この社会基盤は六〇年代欧米の女性運動の背景とは異なるものです。長い間、『平等』の旗印の下で、わたしたちは実際には女性を抹消していたのです。

この問題については、『中国における新時期の女性運動と女性研究』に詳述しています」

第三の問題…フェミニズムと工業文明の問題。

「あなたたちの意見では、日本はすでに工業化したけれど、女性は必ずしも解放されていない、フェミニズムを強調しないのは政治的に危険だということですね。じつは、わたしがこの問題を提起したのは、たまたまハーバード大学にいたときで、眼前にいたのは主として米国内のフェミニスト、わけてもフェミニスト学者たちでした。中国および非工業文明国にとって、フェミニズムは具体的な一つのものです。日本では西欧フェミニズム思潮の影響を受けて女性たち自身が組織をはじめましたが、社会的基盤はどちらも同じ私有制です。このような場所では、女性はフェミニズムと一体化します。しかし、わたしたちにとって、フェミニズム思潮の具体的内容の多くは、実際生活とかけ離れているのです。たとえば、フェミニズムはとりわけ男と女は同じ人間だと強調しますが、わたしたちの新時期女性運動においてもっとも重要なのは、女は男とちがう種類の人間だと強調することなのです。この一点だけをとってみても、西方の多くのフェミニストは同意しません。

Feminism（女権主義）について江上さんは多元的だといいましたが、わたしたちにとっては一元的であり、いつも自分たちの基準でこちらに要求し、中国の女性をどう見るべきかをこちらに教えようとするのです。それがわたしたちにはがまんできない。わたしたちにとってフェミニズムが具体的だというのは、わたしたちの外にある西方から来た規準だという意味です。女性運動の発展方式や組織形態などは、対外開放にともなって入ってきたもので、中国女性の生活から出発したものではなく、中国女性の実際という観点から問題をながめたわけではありません。いつも西方の、外来の規準でながめ、批評し、ああすべきだ、こうするのは正しい、あるいは正しくないなどというのです。わたしたちにとっては、まったくわずらわしいことです。わたしはフェミニズムに反対するわけではなく、フェミニズムを唯一の規準として世界中のあらゆる女性運動と女性現象を解釈することに反対なのです。
ハーバードの会議である人が、フェミニズムは哲学の一種であり、四海におしなべて正しいといいました。けれどわたしは、フェミニズムは歴史的性格のものであり、有史以来存在したのではないと思っています。だとすれば、いつから存在したのでしょう。どこに出現したのでしょう。それは工業文明以後、西方の工業文明国家に出現したのです。フェミニズムが主としてそれらの国に存在し、それらの地方でもっとも市場を持ち、発展が早く、規準となり旗印となったことは、その後の歴史が証明しています。

しかし、非工業文明国、社会主義国、発展途上あるいは未発展国では、フェミニズム運動の影響やフェミニズム思潮の影響はあるとしても、これらの国ではフェミニズムは唯一の、最高の旗印ではありません。これらの国々では、女性運動の中でフェミニズムが主流になったことはないのです。

政治上の危険についていえば、フェミニズムが存在する条件がその国や場所にありさえすれば、フェミニズムは市場を持ちうるでしょう。そうでない場所では、そこでの女性の発展にもっとふさわしい主義なり何なりがあるでしょう。彼女たちは自分のものを自由に使えばいいではありませんか。西方の国の女性たちに、何かを変えろとか、旗印をおろして他国の女性の生活や規準に迎合しろとかいうのではありません。わたしは、この世界にもう少し選択の余地があることを望んでおり、それは女性の領域にもあてはまるのです。女性は解放されねばならない、そのとおり。男女平等はひとつの規準です。しかし、すべての人がフェミニズムの旗印の下に新たにその奴隷になる必要はないでしょう」

江上さんが口をはさんだ。「フェミニズムは資本主義の中から生まれたけれど、どの国にも適用できます。なぜなら、世界中で男女は平等ではないから」

わたしの答…「問題はそこです。わたしはフェミニズムがどの国にも適応するとは思いません、中国に対してはまったく適用できません」。わたしは米国のバークレーでの発言を例にして、わたしたちが中国で女性研究に従事しているとき、お上の側と西方フェミニズムの側とから二重の圧力を受けたことを説明した。

「わたしたちが女性の自我意識、自主意識、群体意識を提起し、女は男と同じではないといったとき、お上からの批判は、わたしたちがフェミニズムをやっている、独立しようとしているということでした。西方フェミニズムは自分たちの規準でわたしたちを批判し、女は男と同じではないというのは正しくない、自分たちは女と男は同じだと二百年も言い続けてきたといいました。このような状況の下で、あなたはどうしてわたしに、フェミニズムは誰でも使える、全世界のものだといえるのですか。わたしが強調したいのは、この一歩を踏み出さなければ、中国新時期の女性運動はありえなかったということです。

わたしは、フェミニズム思潮は意識形態の領域でプラスの影響を与えたことを認めるけれど、行動の上ではマイナスの影響のほうがプラスより大きいと考えています。わたしにとって、それは文化上の帝国主義のようにみえるのです。わたしたちには『男も女も同じ』という意識形態から出るのがとても困難であり、それは心理上のひとつの革命なのです」

第四の問題「現在のもっとも主要な女性問題は何か」について、わたしは主として改革が女性に与えた衝撃について、また「大鍋の飯」（国営企業にみんなが依存して生活すること）が打破されて以来、平等原則が衝撃を受けて以来、女性が直面している多くの挑戦について語った。その時誰かが、わたしが何度も口にした「恩返し」、とりわけ女性の社会に対する恩返しという意味が理解できないと質問した。

わたしの回答…「中国女性のこの四〇年間の変化はとても大きいけれど、その過程をきちんと分析するならば、中国女性が自分自身の解放のために支払ったものはそれほど多くないことを認めざるを得ません。中国でもっともはやく女性解放を提起したのは男であり、最初に手をつけた行動は女学校開設、纏足廃止でした。いわゆる『天足運動』、さらに『五四』運動は、みな女性が始めたのではありません。大多数の女性に法律上平等の権利を与えたのは、一九四九年の新中国成立以降です。中国女性が今日手にしている多くの社会的権利と法律上の権利は、たしかに社会全体の努力によって実現されたのであり、ある程度は社会主義の『恩恵』なのです。だから中国女性にとっては、自分自身に向きあうだけでは不十分だし、社会に対して女性の権利だけを要求し続けるのでも不十分です。つまり、中国女性は社会の発展と社会に存在する問題に対して、たしかに大きな責任感を持つべきであり、自分のためだけを考えていてはいけないのです」

第五の問題は江上さんが提出したもので、わたしがいうフェミニズムの三要素の理解についてだった。

わたしの回答…「フェミニズムの三要素は、たしかにわたしが提起したことです。フェミニズムについては、わたしはそれをひとつの理論とはみなさず、現在どれだけの派に分かれているかも気にしません。わたしは理論の上からフェミニズムを見るのではなく、ひとつの歴史現象、ひとつの歴史的存在だとみなし、西方工業文明国家に生まれた女性運動とフェミニズム理論をひとつの総合体とみなしています。このような視点はたしかにわたし個人が提起したもので、もちろん別な見方があってもかまいません。わたしが提起したこの三要素も、中国女性運動との比較という背景のもとに提起されたものです。フェミニズムはひとつの思想に留まらず、さらにひとつの歴史現象であり、特定の歴史的背景、特徴を持ち、歴史に限定されています。中国女性にとっては、フェミニズムはもともとわたしたちの中から育ったものではなく、外来のものでした。それゆえにこそわたしは、中国および非工業文明国家に生まれた歴史的現象を背景とし、工業文明国家における女性運動およびフェミニズム思潮と比較することができるのです。たとえば、同じように女性をながめ、女性運動をながめるにしても、異なる国家にあっては、使用する概念が違います。中国では、わたしたちは『女性解放』『女性研究』といいますが、ひとたび西方のことを紹介するとなると、わたしを含めた大多数が『フェミニズム』という語を使うことが多いのです。この点については、最近書いた文で触れているので、参照してください」

「いまこの問題が出され、フェミニズムについて討論できるようになったのはたいへんいいことです。なぜならこれまで、フェミニズムについて討論してはいけないように思えたからです。まるで先人がわたしたちのためにひとつの規準、ひとつの旗印を設定したように。でも、中国の女性にとって、この規準、この旗印は外来のものです。したがって、どんな視点からであれ、どこの国からであれ、フェミニズムについて討論することそのものがいいことなのです。以前わたしたちがマルクス主義や社会主義について討論できなかったのと同じで、いま討論できるようになったのは進歩だと思います」

次の人の質問…「五四運動から一九四九年に至る時期をどう評価しますか」

答…「わたしは『性別と中国』という本の中でわたしの見方を語っています。その中で、とりわけこの時期の国家・民族と女性の関係を強調しています。この歴史的段階は非常に重要で、中国女性解放運動史における非常に特殊な時期です。詳細については書いてあるのでここでは触れません」

質問…「女性の権利と計画出産〔中国で行われている産児制限政策〕についてどう考えますか」

答…「現在国際社会はこの問題について非常に敏感であり、見方も複雑です。わたしは、二つの問題を分けて考えるのがいちばんいいと思います。当面のことについていえば、計画出産は女性の権利をまったく考慮していないように見えます。ただし、計画出産がもたらした結果は、やはり客観的に分析するべきでしょう。全体としてみれば、女性にとって益もあり害もあります。都市の女性にとっては、プラスのほうがマイナスより多く、農村の女性にとってはプラスとマイナスのあらわれは一様ではありません。たとえば、女性の体を損なうこともあるが、家族関係や女性の健康意識・自我意識を高めるなど多くのプラスもあります。権利についていうなら、非常に重要な問題があります。それは、中国の女性が自分の運命、自分の身体に対して、結局のところどれだけ自主的な権利を持っているかということです。もし国家が抑制を加えなければ、身体は本当に女性のものになるでしょうか。これがこの問題を提起するとき考えなければならないことです。国家が計画出産を掌握しなければ女性の身体は自分自身のものであるとは考えられません。それは中国女性の実状に即していないし、中国の社会・歴史状況とも合致しないのです。女性の身体は国家に抑制されなくても、自主権などまずないのがほとんどの状況で、以前は家庭や一族、いいかえれば男に属していたのです。この背景を頭において計画出産の問題を考え、ひいては中国女性の権利の問題を論じるならば、さらに実情に即したものとなり、中国女性の生活にも大きな助けになるでしょう」

質問…「あなたの著書で日本の女性に触れていますが、日本の女性はほとんどが主婦として描かれているし、日本の女性は多くの面で中国の女性より遅れており、日本の女性は中国の女性を羨んでいるとあります。いま来日されて、日本の女性から受けた印象はいかがですか」

答…「きょうお会いしているみなさんは、もっとも優れた日本女性だと思います。わたしはいくつかの面から日本女性を見てきました。専門が文学なので、最初に目にふれたのは文学作品の中の日本女性です。男性作家、女性作家の作品を問いません（有吉佐和子の『非色』を例にあげて、日本女性への見方を話した）。第二には、日本の女性の著作を通して日本の女性を知りました。例えば富士谷あつ子『女性学入門』（八七年に中国訳出版）などです。このような本は翻訳の必要があるので中国ではあまり出ていません。張萍《チャンピン》が紹介したもののほかに、結婚家庭関係のものがいくらかあります。第三は個人的な接触で、訪中した人、ほかの国で知りあった人、主婦もいれば研究者もいます。ここにいる葛目《くずめ》よしさんもその一人です。さらに中国在住の日本人。第二次大戦のときの中国残留日本女性たちが、最近日本に里帰りしています。中国に戻ってからの話では、八〇年代以後の日本女性はまだ中国女性に及ばないそうです。第四の道は今回の訪日です。これはわたしにとって最初の日本訪問で、日本と日本の女性をこの目で見ることになりました」

質問…「改革の中で政府は女性に恩恵も与えたし、困難ももたらしたというお話でしたが、政府が中国女性に及ぼす影響がそれほど大きいのなら、同じ政府の女性に対する態度がそんなふうに一様でないことをどうお考えですか。中国女性の地位が依然として政府の抑制下にあるとしたら、中国の民主化の行方についてはどうでしょうか。もうひとつ、現在西方では男女の性別役割分業についての論議が盛んですが、それについてのご意見は」

答…「中国政府の女性に対する態度は、全体としては他の国に比べ一貫して配慮しているといえます。それは中国が一貫して社会主義を標榜し、平等原則を主張してきたことと関係があります。女性に対する態度に変化が生じた大きな原因は、中国自身が変化の途上にあり、政府機構と政策も調整を繰り返していることです。政府が経済原則を〔政治原則のかわりに〕主要な原則とした時に、女性に対する態度を変えたわけではないのですが、原則の変化に対応した政策の変化が女性の利益に及び、女性への衝撃となり影響を与えたのです」

わたしは中国で『社会学研究』（九四年第二期）に発表された鄭也夫《ジョンイエフ》の「男女平等の社会学的思考」という文章が女性に家庭へ帰れと提案していることを紹介した。「中国でも現在男女平等問題を論じあっていますが、その視点がちがうのです。鄭也夫の文章は『代償論』を提起したのですが、それは女性解放のために社会全体が大きな代償を支払ったということです。彼の中心思想は、中国女性解放の代償はあまりに大きく、行き過ぎであり、社会機構と伝統家庭はみな破壊されてしまったというものです。わたしも自分の観点を文章にまとめるかもしれません」（のちに、「中国社会における男女平等実践の得失」を書き、『社会学研究』九五年第一期に発表した。）

質問…「欧米社会では男女分業を男女不平等の起源と見ていますが、どうお考えですか」

答…「わたしはどちらかの観点や立場を完全に支持することはできません。なぜならどちらの観点、どちらの立場も経験してきたからです。過去の平等はわたしたちの生活の一部だったし、現在出現した多くの不平等の問題もわたしたちの現実生活だからです。したがってどちらかの立場に立って話すのは難しいので、生活そのものに語らせようと思います。わたしたちの生活にはたしかに平等な部分があり、今日いくらか不平等な現象が出てきたからといって、すべての生活が不平等になったとするのは客観的ではありません。もっとも重要なのはどこが不平等でどこが平等か、どこが変化しどこが不変かを見きわめることです。現在いくらかの問題が出てきたからといって、一九四九年以降女性の生活に生じた質的変化を消し去ることはできません。米国の一部の中国研究者は、偏った例を全体に及ぼして、全面否定の結論を出しましたが、これは事実にあわないと思います」

質問…「一九四九年以前の女性運動をどう見ますか」

答…「国民党統治地域と、ソビエト区〔共産党支配地域〕に分けてみるべきだと思います。現在共産党の天下だからといって、一九四九年以前の国民党統治区の女性運動を抹殺すべきではないからです。二つの女性運動は異なる性格を持っていますが、ひとつの共通した特徴があります。民族解放・反帝国主義としっかり結び付き、国を愛し滅亡から救おうという点です。国民党統治区と比べると、ソビエト区ではより多くの権利が女性に与えられ、社会的に女性がより解放されていたことは認めるべきです。わたしたちは歴史を書くために聞き書きをした中で、多くの女性が封建的な家庭や親の決めた結婚から逃れるために革命に参加したことを発見しました。これは男の革命参加の動機とはずいぶん違います。一九四九年以前の女性解放運動については、ひとつには全体から見て、国民党統治区とソビエト区を分ける必要があり、もうひとつには、それぞれの人の異なる視点から研究しなおす必要があります。この面の研究は比較的少なく、空白とはいわないまでも弱い分野です」

質問…「現在の中国における女性研究は知識人の観点を代表するものではありませんか」

答…「今日の女性研究は中国の知識層女性だけを代表するものではありません。わたしは、知識人にはある種の責任があると思っています。すなわち、社会を代表して発言する、社会の良心を代表して語ることです。労働者が労働者のことを語り、農民が農民のことを語るのを期待することはできません。語りは一種の権力であり、とりわけ意識形態が権力化された社会ではそうです。ときとして、農民は農民のことを語ることができないのです。とりわけ中国においては、長期にわたってひとつの意識形態の影響を受け、どの社会層も厳しい抑制を受けています。知識人の責任は、自分のために語るだけでなく、社会のさまざまな階層、さまざまな声や利益を客観的に反映することです。知識人とは語る人のことです。知識人がものをいうと農民が話さなくなるというのは偏見であり、過去の政治教育が植えつけたことです。労働者農民の地位を人為的に高め、知識人の社会的影響を貶めたことは、後向きで、誤りでした。現在はこういうべきです。労働者は労働者の仕事をやり、自分たちのことを語る、農民は農民の仕事をやり、彼らの利益を主張してもいい。しかし全体として、知識人は、社会発展の主流を代表して発言する責任があると同時に、社会のさまざまな階層のさまざまな声を反映しなければならない、と。その意味で、現在の中国における女性研究はたしかに知識層の女性が担っていますが、そこに反映されている声は知識層女性だけのものではないのです」

ここで、高名な研究者である野澤豊先生の発言があった。

「女性研究は今日の社会、学界ですでに注目を集めています。早稲田大学のある教授は、女性学の視点から世界を観察することは、全体として歴史を研究する上で大きな作用を及ぼすといっています。日本における女性研究の開拓者は大きな困難に直面しました。李先生も開拓者の一人として大きな困難をかかえておられるでしょうし、その大きさは想像できます。ソ連の崩壊によって、中国の社会体制はさらに注目を集めることになりました。さらに女性研究を重視すべき時が来たというべきでしょう。李先生が女性研究の前線に立ち続けられることを期待します」

交流会の後、中国女性史研究会の招待で会食があり、二〇人ほどが参加した。新宿駅の地下街にあるこぎれいな中華レストランの一部屋が貸切りになり、二つの大きなテーブルには中国料理が日本式の盛りつけで並べられた。とても繊細で凝っている。わたしは日本女性の問題について質問し、中国社会科学院文学研究所から大学院留学している董炳月《トンピンユエ》氏が通訳した。

わたしの質問…「日本の家庭では平均子供は何人ですか」

答…「平均一・五から二人です。都会と農村の差はほとんどなく、一般の家庭は子供二人です。五〇歳から六〇歳以上の人の家庭は一般に子供が三、四人でした」

董さんは、都会と農村の差はやはり大きいと考えている。「日本の農村の人は幸福ですよ。家は大きく、交通は便利で、車を持ち、都会よりも暮らしやすい」

わたしの質問…「それでも都会に人が集まるのはなぜでしょう」

董さんの答…「日本人は群集心理が強いから、みんな都会に向かうんです。都会人のほうが社会的地位が高いとみられ、やはり農民は低くみられている。中国でも、『上海でベッド一つでも、田舎の一軒家よりまし』というでしょう」

わたしの質問…「五〇年代の日本で開かれた『母親大会』は重要な出来事でしたが、それは運動につながりましたか」

末次玲子さんはその運動に参加したことがあるという。「五〇年代の『母親大会』はやはりひとつの女性運動でした。テーマは二つ、ひとつは社会の平和と自由を守ることであり、もうひとつは子供たちの健康な成長を保証することです。戦後ずっと女性運動は続いており、『母親大会』の影響は女性運動のひとつの流れとなって現在まで続いているし、会そのものも続いていて、今でも毎年開催されます」

末次玲子さんは六〇歳を過ぎているだろう。小柄で、先駆者としての風格をもち、謙虚で質素で穏やかで、みんなから尊重されている。彼女がみんなに自己紹介をさせたので、たちまち生き生きした雰囲気になった。

最後に田畑さんがわたしに末次さんを紹介し、彼女は中国女性史研究の創始者だといった。末次さんは謙虚に、小野和子さんのほうが先に始めたといった。

聖心女子大学で中国近代史を教えているという人に、日中戦争をどう教えるのか尋ねてみた。彼は、それについてはあまり話さない、自分は主として女性運動に関心があるといった。

わたしはさらに尋ねた。「授業で話すことはできますか」

彼は答えた。「タブーはありません」

しかしわたしは、タブーはやはり存在すると感じた。

わたしは末次さんに尋ねた。「なぜ中国女性史研究会を結成したのですか」

末次さんの答…「一九四〇年代に多くの人が中国問題に関心を持ちました。第二次大戦の敗戦後も、日本は男性社会でしたが、多くの人が中国は日本と違って男女平等だと思っていました。そのため中国女性の研究をしようと考えはじめたのですが、個別に研究してもうまくいかない、いちばんいいのは組織を作ることで、そうすれば力が大きくなります」

これはひとつの重要な見方だ。日本を男性社会と認識するなら、中国の男女平等をさらに理解し宣伝しなければならない。もうひとつの原因としては、女性問題の研究は世界的問題であり、各国の女性はみな研究に価するし、世界の女性問題はひとつの総体としてまとめて研究しなければならない。一九七七年に研究会が成立したときは、たったの四人から始まった。末次さんは発起人の一人だったので、みんなが彼女を尊重しているのだ。現在は会員七〇人あまり、毎月例会を開き、二〇人前後が参加する。外国からの留学生も何人か参加している。

秋山洋子さんが自己紹介した。彼女は東京大学を六〇年代に卒業し、大学では中国文学を学んだ。七〇年代の日本の女性運動に参加して、文献の翻訳をした。夫と共にモスクワに七年暮らし、八一年に帰国して『女たちのモスクワ』という本を出版した。

江上幸子さんの自己紹介。主な研究対象は中国近代文学で、柳渓《リウシ》の作品にとりわけ引かれる。「抗戦期の辺区における中国共産党の女性運動とその方針転換」という論文がある。

前山加奈子さんの自己紹介。彼女は現在研究会の事務局担当で、みんなに「老板《ラオバン》」〔番頭さん〕と呼ばれている。彼女の専門は一九三〇年代中国の女性運動や、国民党統治区の女性運動・女性雑誌などである。以前は台湾の資料を見ることが多く、大陸に調査に行った時には膨大な資料を書き写した。「大陸には現在女性学方面の文献目録がないので、自分で調べて、機械のように書き写さなければならないのです」

田畑佐和子さんはとてもユニークな女性で、芸術家の風格がある。彼女は女性作家の作品をたくさん翻訳し、戴晴や王安憶の小説なども訳している。夫は有名なテレビのキャスターだ。ほかに二人の専業主婦・中林さんと宮地さんも同席していた。彼女たちは末次さんの〔放送大学での〕教え子で、勉強をやりなおすために研究会に参加した。子供が大きくなってからまた勉強を始めたのだ。現在ほかに仕事はしていないので、研究会の日常事務を担当している。

江上さんは単刀直入に、わたしが日本の女性研究をあまり重視していないのではないかといった。わたしもその点は認める。日本語を知らないから関連書をあまり読むことができず、それがわたしの日本女性研究への見方を制約している。

「今日みなさんと交流したことで、多くの問題を考えさせられました。いまちょうど日本をどこに位置づけるべきか、自分の見方を再調整しているところです」

江上さんは東方と西方を対立させる見方に賛成しない。日本はちょうど東方と西方の間にあるから、より全面的な視野を持つべきではないかと考えている。彼女のいうことはたしかに一理ある。日本がわたしの思想の中に出現したことは、まさにわたしの二元的な視点を調整する助けになるかもしれない。もちろん日本だけでなく、アフリカの存在もある。

食後は歌あり踊りあり、雰囲気はいちどに華やいだ。

田畑さんは歌がとてもうまい。彼女が「はるか離れたそのまたむこう～」と歌った。わたしは立ちあがって踊り、みんなが「馬が山上を駆けるよ～」と歌をあわせて、気分爽快になった。わたしたちは「北国の春」や「四季の歌」をいっしょに歌った。驚いたことに秋山さんが「漁光曲」を一語ももらさずに歌った。一九三〇年代の歌だ。田畑さんたちは『白毛女』の劇中歌「北風吹いて～」を歌ったが、みな五〇年代の古い歌詞だ。わたしと董さんはあっけにとられていた。続いて日本人みんなで、愛唱歌である「夏の思い出」を歌ったが、とても美しかった。この日はわたしが日本で過ごしたいちばん楽しい日になった。とても疲れはしたけれど。

最後に、わたしたちはいっしょに写真を撮った。末次さんが次のような内容の挨拶を述べた。彼女は以前からわたしの名を知っており、わたしの仕事にも関心と敬意をよせていた。中国女性を国際女性運動を背景にして研究するというわたしが提起した方法は非常に的確であり、それによって励まされた。また、わたしがさらに成果を上げることを期待している、と。

わたしもこの機会を借りて、すこし話した。主として次のようなことだ。

一、今回の訪日の収穫について語った。多くの新しい視角、新しい思考がひらけた。

二、わたし自身の反省として、日本女性に対する研究と理解が不十分だった。今後中日両国の女性研究者の交流を強化するため、いっそう力を尽くしたい。

［原文は《挑戦与回応》河南人民出版社、一九九六年所収。日本側出席者の経歴、場所などについては正確を期して一部補正した。］

（1）李小江は、フェミニズム運動による女性解放は西方の工業文明国家で起こったことで、国によっては社会主義革命や民族運動、工業化など、異なる要因が女性解放をもたらすと考える。これに対して江上は、工業文明が自動的に女性解放をもたらすわけではなく、どんな政治状況でも、フェミニズム（女性解放の問題）を意識的に強調してゆくことが必要ではないかと質問した。

（2）本書第一八章「東と西のあいだ」参照。

付録三

わたしはなぜ九五年世界女性会議NGOフォーラムへの参加を拒絶したか

李小江

九五年第四回（国連）世界女性会議が閉幕してまもない現在、ハーバード大学が主催するこの連続シンポジウム（前期のシンポジウムは今年の二月に開かれている）の席上で、フェアバンク研究センターの前任客員研究者であったわたしは、この機会に沈黙を破って、中国で開催された第四回世界女性会議に対する自分の態度をあきらかにし、さらにわたしがNGOフォーラムへの参加を拒絶した理由についても語るべきだと思っている。それによって、長年にわたって中国女性の発展に手をかし、関心をよせてきた内外の多くの友人と、二年間にわたってわたしを追いかけてきた報道界の友人たちへの答としたい。

「第四回世界女性会議を中国で開催すべきかどうか」「もし会議が北京で開催されたら中国の女性にどんな影響をおよぼすだろうか」という二つの問題にかんしては、近年（とりわけ一九九三年一一月のマニラ会議以後）、国際社会と各国の女性のあいだで絶えることなく議論が続けられてきた。

第一の問題にかんしては、わたしはずっとこう考えてきた。世界女性会議が北京で開催されることは、世界の女性が中国を知るという点でも、中国の女性がもっと外の世界を理解し、各国の女性とじかに接することによって、それ以後さらに国際社会の事業に参加し、さらに自覚をもって女性の運命に関心を抱くようになるためにも、ねがってもない機会だ、と。事実が証明するように、すでに多くの中国女性（主として知識女性）が国際社会の援助を受けて国外におもむき、世界の変化をまのあたりにし、国際女性運動の成長とその力量をみずからの目でみとどけた。各国の女性たちのほうも、二年あまりの長い準備期間のあいだに、すでにさまざまな面から中国と接触し、それによって中国の国情と中国女性の現実の状況について相手の身になって理解し共感することができるようになった。だからこそ、会議の準備期間中にいかなる事態が発生し、わたし個人がいかなる圧力を受けようとも、わたしはやはり今回の会議が最終的には北京で順調に開催されることを望んでいたし、なるべく多くの外国の友人が北京にきてくれることを期待し、さらに多くの中国女性に会議参加の機会が与えられることを望んできた。

第二の問題、北京での世界女性会議が中国女性に与える影響にかんしては、わたしはこんなふうに反問してみた。「もしもこんどの会議が北京で開かれなかったら、中国女性にどんな影響をおよぼすだろう」。わたしは何人もの中国女性にこの質問をしてみたが、答はほとんど一致していた。それは、前の三回の世界女性会議と同じように、大多数の人はそんな会議があることをまったく知らず、そのような会議が一般の女性とどんな関係があるかわからず、NGOとはいったいなにかも知らないままだろう。つまり、そもそもプラスの影響とかマイナスの影響とかを論じるまでにいたらないだろう、と。中国女性はずっと国際女性運動のカヤの外に置かれてきたようなものだから。その意味では、すでにこの目で見てきたとおり、会議が北京で開催されるということ自体が、中国国内にもう広範な影響をおよぼしている。女性に対してだけでなく、さらに重要なのは、中国政府に対する影響だ——女性に関することがらについての、政府の細心このうえない気配りと、手を抜くことのない介入とがもたらした一連の反応は、予測をはるかに超えたものであり、女性と国家との錯綜した複雑きわまりない関係をたっぷりみせつけるものだった。利害得失が共存し、苦さと渋さがいりまじったこの関係は、女性史と中国研究に多くの重要な研究課題を残した。これはまた、現代の国際女性運動が正視しなければならない現実問題のひとつでもある。これをめぐって引き起こされた種々の事件は、「中国の事件簿」とでもいうべきものだ。それについてここでは詳述できないが、近刊予定の『女性と国家——九五年備忘録』〔九九年末まで未刊行〕という本の中で発表するために、詳しい描写と分析をおこなっているところだ。

中国政府が今回の会議開催をひきうけ、ホストとしての任務を立派に果たすために、全力をつくして社会のあらゆる勢力を動員し、女性に関わるすべてのことを国家の問題に変えたことは、認めなければならない。このような短い時間に社会のすべての勢力を動員し、非常に強い組織能力でこのような会議をひきうけて成功させるには、中国のような社会体制ではじめて可能だったことは、すでに事実が証明している。わたしの考えでは、中国政府が今回の会議をみずからひきうけ、各国の女性たちに交流の場と行き届いたサービスを提供したことは、世界の女性に貢献したといっていい。

しかし、会期が近づくにつれて、どうしたことか中国では、女性に関するこの会議は、どんどん「女性」から離れていってしまった。わたしはなにも女性の利益と国家の利益が完全に対立するといっているのではない。むしろわたしは一貫して、われわれの社会が女性解放を支持してきた伝統と、国家によるたゆまざる女性支援の努力を高く評価してきた。しかし、世界の女性の運命にかかわる今回の国際会議が、中国政府のイメージとこんなにも緊密に結びつけられたことは、中国の女性たちを非常にやりにくい立場におくことになった。つまり、ＮＧＯフォーラムにおいてさえも、個人の意思で発言したり、女性の代弁者として女たちのかかえている問題を表現することはできなくなってしまったのだ。国家の厳しい統制のもとで、問題を自由に討論するのは不可能になってしまった。事態がここまで進んでしまったので、ひとりの中国の女として、国家と女性の板挟みになったわたしには、沈黙を守る以外の道がなくなってしまった。なぜならば、会議の席上でどんなに女性の民主的権利が奪われようとも、会議の外の中国では、依然として民主をめざす女性たちの苦しい歩みが続いているのだから。この歩みをすすめる中で、わたしは中国政府に対して、ただいっそうの進歩と寛容を期待することしかできない。それは次のようなことを意味する。国家が女性のために力をつくすばかりでなく、女性が自分で自分のためになにかをするのを認めること。女性に国家の代弁者になるよう求めるばかりでなく、女性自身が自分のために話すのを認めること。女性の成果と成長について誇示するようにわたしたちに要求するばかりでなく、わたしたち自身の生活の中にある問題と願いとを表現するのを許すべきだということである。ひとりの研究者としてのわたしは、「非政府論壇」〔NGOフォーラム〕において、わたし個人が政府の代弁をする義務はないと考える——これがわたしが参加を拒絶した第一の理由である。

歴史文化と社会体制の大きなへだたりが原因で、国際社会では反共勢力や一部の人々の間に、反中国感情がたしかに存在している。また中国の側には、第一に八九年以来の政治的孤立状態があり、第二にこの種の大規模な国際政治会議主催の経験に乏しいということもある。そのうえ一五〇年来中華民族が外敵の侵略を受けてきた屈辱の歴史が、国際社会や女性NGOフォーラムに対する中国政府の態度に直接の影響をおよぼしている。すなわち、「外国人」あるいは意見の異なるものを敵とみなし、防御のためあらゆる手をつくし、本来は人類の進歩と団結をおしすすめる国際主義の行動を、全人民を動員する愛国民族主義運動に変えてしまったのだ。これが政局を落ちつけ、社会を安定させるための配慮から出たというのは理解できる。

けれどもわたしが長年にわたって海外で見聞きしたところでは、各国の女性がより関心をもっているのは、自国の女性問題に対してであって、中国の政治に対してではない。ましてや中国と中国女性に対して、故意に侵犯したり介入したりしようという人がどれだけいるというのだろう。中国の知識人のひとりとして、わたしは何度もつぎのように表明してきた。帝国主義と文化帝国主義の圧力さえなければ、わたしは民族主義者にはならない、と。とりわけ中国が世界に向けて開かれつつあり、ひましに発展し力をつけつつある現在、民族主義の危険に警鐘を鳴らすのは、戦争や覇権主義に警鐘を鳴らすのと同じくらい重要だ。いま、ひとりの女性として世界各国から訪れる姉妹たちに向きあうとき、さらにはわたしたちが共にいまなお戦争の脅威と苦難に満ちた世界に向きあうとき、わたしは自分の「民族性」をとりわけ強化する必要を感じないし、いかなる「対外一致」の準軍事化演習にも参加したいとは思わない――これがわたしが参加を拒絶した第二の理由である。

世界女性会議が近づくにつれて、中国女性の顔は日に日に中国の顔つきになってゆき、「国家」の顔つきはますます厳しくなって、ついには、この国家の中にいる個人は、「異なる声」を発することができなくなってしまった。このような状況において、ひとりの中国の女性研究者として、「大局に配慮する」というのが何を意味するか、わたしにははっきりみてとれた。ことが女性問題におよんだときは、わたしはかならず「消え失せ」なければならず、かならず沈黙を守らなければならないということだ。そこでわたしはハーバード大学の客員研究者になる申請をした。そして、ここ二年間というものは、世界女性会議に関連した会議への出席やジャーナリストの取材をことわって、都会から遠く離れた小さな町で、著作に専念していたのだ。

それにもかかわらず、やはり災難は避けられなかった。国内の関係ある刊行物は、わたしの文章と写真を載せないようにと通告を受けた。大会期間中に開催された女性関係図書の展示会には、わたしの著作とわたしが編集した出版物の展示が許されなかった。国家教育委員会は再三鄭州大学に足をはこんでわたしの「政治傾向」を調査し、基層党委員会に態度表明をするよう責めたてた（わたしは共産党員ではないというのに）。わたしが中心になっていたいくつかの研究プロジェクトは、手ひどい挫折をこうむった。とりわけ耐え難いことは、鄭州大学に新しく赴任した学長の曹策問氏（非党員）が、わたしたちが「ブルジョア女権運動」をやっているといいがかりをつけて、わたしが創設した鄭州大学国際連誼女子学院を「代理管理」という名目で一夜のうちに解散させてしまったことだ！　わたしのところだけでなく、長いあいだ各地で活動を続けてきた多くの民間女性組織や個人も、さまざまな罪名をきせられて同じような政治的圧力をかけられた──これらすべてのことが、まさに世界女性会議を開催しようというホスト国でおこったのだ。なんという嘆かわしいことだろう！

十数年来、わたしたちが女性教育と女性研究の分野で苦労して仕事を始め、女性のために自主的にきりひらいてきた公共空間は、数カ月のうちにほとんど失われてしまった。そのためわたしは、今年の二月、ＮＧＯフォーラム中国組織委員会に正式に申請を提出し、このような「異端排斥」の傾向に歯止めをかけるべきだといった。その回答は、「われわれはあなたがＮＧＯフォーラムに参加することを歓迎します」というものだった。しかし今日にいたるまで、わたしは国内からわたし個人にあてた参加通知をうけとっていない（わたしは国連「国際女性研究フォーラム」の招請状をもっているのだが）[1]。今年の四月、中途帰国をしたさいに、わたしは女性教育事業がこうむった損失を挽回するため国家教育委員会主任に手紙を出した。その回答は、「鄭州大学は女子学院に関心を持っている」というものだった。でも、「女子学院」は、いまどこにあるというのだろう？　鄭州大学の大学当局は、いまに至るまでこのことについて何の説明もしていないし、このことについて誰も責任の追及をしていない――これらすべてのことが、世界女性会議が召集される前夜におこったのだ。まったく信じがたいことではないか！

このような状況のもとにあっては、単に女性の立場からというだけでも、わたしは会議に参加することができなかった――そこでわたしは自分の「欠席」によって「国際女性研究フォーラム」に参加した。つまり、そのことによって、より多くの中国女性の声が、「フォーラム」の外にあることを示したのだ。

中国の公民としてのわたしは、世界女性会議が日に日に国家事業となってゆくのをまのあたりにして、沈黙を守ることが大会の順調な進行を支持することになると理解した。以上に述べたさまざまな過ちを目前にして、わたしは自分の尊厳を守るためには大会参加を拒絶し、それによって道義上の公正を求めるほかはなかった。そんな抵抗が無力なことはわかっているが、それでも必要なことなのだ。今日の中国では、だれもが人としての尊厳と社会的公正を求めている。わたしはそれが天から降ってくるものだとは思わない。それは、わたしたちひとりひとりの選択によって実現されるものなのだ——だからわたしは、「拒絶」を選択したのだ。

一九九五年九月　鄭州にて

［本稿は最初、一九九五年『中国研究月報』一〇月号に掲載された。原文は直接著者から入手した。翻訳紹介の経緯については次頁の解説を参照。］

（1）NGOフォーラムは、世界各国のNGOが自主的に開催する大小さまざまな会議（シンポジウム・ワークショップ等）でなりたっている。したがって、中国国内で「代表」に選ばれなくても、国連が主催するフォーラムへの招請状を持っていれば、会議に参加することは可能だった。

解説

国家と女性と北京会議

秋山　洋子

北京の国連女性会議から帰ってまもなく、鄭州の李小江さんから手紙が着いた。李小江は中国女性学の開拓者で、代表的な女性学研究者である。北京の会議に出席しなかった彼女がどうしているか、気になっていたところだったので、さっそく手紙を開いた。短い手紙なので、挨拶の部分をのぞいた全文を紹介する。

秋山さん

中国が主催した「女性研究シンポジウム」であなたが質問してくれたことを、とても感謝しています。わたしはあの質問を、あなたと日本の女性からの、わたしたちへの声援と支持としてうけとりました。もちろん、主催者たちが公衆の面前でどんなでまかせを言ったかは、あなたもじかにその耳で聞かれたことでしょう！

いまこの文章をあなたに送ります。これはわたし自身からのあなたへの答です。もしこれを日本語に訳したい気持があれば、あなたが選んだ日本語の出版物に発表してかまいません。より多くの人に真相を知ってもらい、中国女性がこんどの会議のために実際にどんな代償をはらったかをわかってもらうべきだからです！

わたしの「質問」のはなしは、北京女性会議にさかのぼる。NGOフォーラムの五日目、九月四日に、「中国における女性学（婦女研究在中国）」というシンポジウムが開かれた。全国婦女連婦女研究センター主催のこのシンポジウムは、中国側がかなり力を入れたものらしく、同時通訳のイヤホーンが使える三五〇人収容の大会場をつかい、一〇〇ページをこえる論文集も用意されていた。あつまった聴衆の半分以上は中国人だったが、会場は満員の盛況だった。

シンポジウムでは、七人の発言があった。発言のテーマは、国の政策決定への女性学の貢献、女性学という研究分野の確立、大学における女性学、女性学の国際交流、などなどである。話の基調は女性学がいかに「改革開放」と呼応して発展してきたかという線でつらぬかれ、政府が発表した「婦女発展綱要」が、研究が現実をうごかした大きな成果としてたたえられた。婦女連が主催するシンポでは当然予測されたことではあるが、こちらの問題意識とかみあわないことにいらだちをおぼえてくる。とりわけひっかかったのは、この一〇年の女性学の歩みを語るのに、婦女連の系統とは別に独立して道なき道を開拓してきた李小江たちのあげた成果に、できるだけ触れないですまそうという態度がみえみえだったことだ。

発言が終わると、質問者を募集する。中国の方式は質問者を前に並ばせて順に発言させるのだが、司会の声がかかると、一〇人近い中国人がたちまち列をつくった。先頭は少数民族の華やかな衣装をつけた人で、少数民族の女性問題を重視してほしいという発言。つぎは地方の女性研究機関の活動報告。

この調子では中国女性同士のなれあいで時間オーバーになってしまう。とりあえず一言いってみようと腰を浮かすと、同類らしい白人女性もあわてて列についた。米国からきた彼女の質問は、「ソ連東欧で社会主義が崩壊し、中国も市場経済を取り入れている現状に、マルクス主義をかかげる中国の女性学はいかに対応していくのか」。これに対して会場から「答えたい」という人が何人もでてきて、「マルクスも市場経済の発展は必然だといっている」といったピントはずれの発言をする。

時間切れが迫ってやっとマイクがまわってきたので、ふたことだけ、と発言した。「第一の問題は、女性学というのは西側では七〇年代の女性解放運動のなかからでてきたもので、単に女性のことを研究するのでも、女性が研究をするのでもない。女性の目から、この社会の構造を根本から問いなおそうというものだが、中国の女性学にはそういう前提があるのだろうか。第二には、わたしの理解によれば中国の女性学には二つの流れがあり、ひとつは婦女連、もうひとつは民間のものである。このうち民間の女性学では鄭州大学の李小江の貢献が大きいとおもうが、彼女の貢献にほとんど触れられなかったのは残念だ」。

これに対して発言者の代表格の婦女連幹部が、「李小江にはこのフォーラムに参加するよう招請したのだが、病気で出席できなかった」と答えた。

以上がわたしの「質問」の経過である。よけいな情景描写までしたのは、このエピソードが女性会議の本質をなかなかうまく反映していると思ったからだ。

会が終わったあとで、「わたしも同じことをいいたかった」「重要な指摘だった」と何人かの外国女性から話しかけられた。香港の女性研究者からは、「中国の女性問題を研究している日本人にはじめて会った」といわれた（優秀な人がたくさんいるのに！）。「李小江は本当に病気なのか、どうしてこなかったか知っているか」とたずねてきたのは、留学先のロンドンから参加してきたという中国の若い研究者だった（中国人が個人で自由にこの会議に参加するには、こういう形で外国から手続をするしかなかっただろう）。

とりあえず発言したことで、わたし自身は「腹ふくるるおもい」はまぬがれたが、チラと頭をかすめたのは、このことで李さんに累が及ぶことはないだろうかという心配だった。それだけに、彼女の手紙を読んでとりあえずホッとした。それと同時に、わたしの発言が李さんの耳に届いたことに驚いた。だいたいわたしは、日本からきたといっただけで、名前もなのらなかったはずだ。会場には何人か、李さんと親しく、わたしも顔見知りの中国の研究者がいたことはいたが、それにしても情報の早いこと。マスコミが頼りにならない国での口コミの効用に、あらためて感嘆してしまった。

手紙を読んでホッとしたものの、李さんからの「答」の内容は、じつに重いものだった。この文章は、一一月に開かれる予定のハーバード大学フェアバンク研究所でのシンポジウムにむけた書面発言のようである。そこには、女性のために開かれたはずの北京女性会議が、国家的事業にすり替えられてゆく過程で、最も大きな痛手を負ったのがほかでもない自主的に育ってきた女性研究の担い手たちだったことが、なまなましく語られている。半年前に書かれた論文「公共空間の創造」（邦訳は『中国の女性学』勁草書房に収録）が楽観に満ちていたのに対して、この文章には苦痛と挫折感がにじんでいる。それでもなお彼女は冷静さを失っていないし、個人の尊厳だけを武器にして巨大な国家にひるむことなく対峙している。それをみながら、日本にいるわたしには、なにをすることもできない。せめてこの文章をひとりでも多くの人に読んでもらうことが、彼女たちへの励ましになればと祈っている。

〔この文は、『中国研究月報』一九九五年一〇月号に「わたしはなぜ九五年世界女性会議ＮＧＯフォーラムへの参加を拒絶したか」を翻訳紹介したときに、解説としてつけたものである。
また、北京女性会議については次の論文が参考になる。秋山洋子「参加した人としなかった人と——北京会議報告」『インパクション94・特集「フェミニズムのアジア」』、インパクト出版会、一九九五年。加納実紀代「フェミニズムのヘクトパスカル12　中国『弾圧体験』肩すかしの記」、同前。秋山洋子「第四回国連世界女性会議をめぐって——中国における国家と女性」『論集　中国女性史』吉川弘文館、一九九九年。〕

あとがきにかえて

李小江　中国女性学をひらく

秋山洋子

黒板を背にした李小江は、エネルギッシュに語り続ける。ときには大きな身ぶりをまじえ、ときには達筆な文字を板書し、まるで疲れを知らぬように。

中国女性としては大柄なからだを黒いブラウスとエスニック調のスカートに包み、長い髪はうしろで無造作にまとめている。そのスタイルは、これまでの中国の女性幹部・知識人のイメージとはまるでちがうし、そうかといって最新モードできめた若い世代ともちがって、とても自然で個性的だ。

聴衆は、学生風の若い女性から共産党婦人幹部風な年輩の人まで、四〇人前後。みな講義を一言も聞き漏らすまいと身じろぎもせず、ノートを取る手だけを動かしている。

これは一九九六年七月、わたしが河南省鄭州市を訪れたときの光景だ。鄭州大学の教授である李小江は、全国から集まった女性学研究者を前にして、最新の女性学に関する連続講座をおこなっている最中だった。こんなふうに、一九八〇年代から九〇年代にかけて、李小江は中国女性学の創始者・牽引者の役割を果たしてきた。

女性学の誕生をうながしたもの

女性学という学問分野は、一九六〇年代末から七〇年代にかけて、世界的に広がった女性解放運動─第二波フェミニズムの中から生まれたものだ。しかし、世界的にひろがったとはいっても、当時の東西対立構造のもとで、体制の異なる社会主義圏にはほとんど影響を及ぼさなかった。女性解放の先進国をもって任じていた社会主義諸国は、もともと「ブルジョア女権運動」に否定的だった。とりわけ中国は、一九六六年から十年にわたる文化大革命の渦中にあった。そこでは男女の平等が極端におしすすめられ、女性にも男性と同じ労働が課されただけでなく、長い髪やスカートといった女性ジェンダーの表象さえも徹底的に抹殺された。一九五一年生まれの李小江は、中学生で文革を迎えた。同世代の青年とともに学業を中断して農村や工場にはいり、男に引けを取らない働きぶりをみせた。

毛沢東の死によって文革が終わり、学問研究の道がふたたび開けたときに、李小江は大学院に入学し、欧米の文学に取り組み始めた。しかし彼女は、女とは何か、それを究明するためにはどうしたらいいかという問題にとりつかれてしまった。

自分が女性の問題に関心を向けたのは、学問研究の結果ではなく、また、社会的な問題でもなく、女としての個人的な体験だったと李小江はいう。

自分でも予想していなかった恋愛と結婚、そして子供の誕生。「こうしてわたしは落とし穴に落ち込んだ。歴史的な女の落とし穴に」……。

李小江の個人的な動機とはまた別に、一九八〇年代の中国社会では、社会の変化にともなって、さまざまな女性問題が噴出していた。市場経済が導入され、企業の採算性が問われるようになると、子持ちの中年女性は効率の悪い労働力としてリストラの対象になる。あらゆるものが商品価値を持つようになると、女性の容貌や性的サービスが商品化される。昔からあった嫁の売り買いも、広域の人身売買として復活してくる。価値観の急激な変動と社会的な規制のゆるみから、婚外の恋愛や離婚事件も誘発される。古女房を捨てる男や妾を持つ男が出る一方で、結婚年齢を過ぎた高学歴の独身者の増加も社会問題とされた。「一人っ子政策」の徹底は、女性と女の子にしわ寄せがいく結果となった。こうして吹き出したさまざまな問題は、中国女性たちに自分たちの地位をもう一度問いなおすことをせまった。女性学を生み出す土壌は、こうして用意されていた。

運動としての女性学創設

一九八三年、李小江は女性問題に関する最初の論文、「人類の進歩と女性解放」を発表した。それを皮切りに、女性学創設という目標に向けて、李小江はめざましい動きをみせる。八五年、民間の女性学研究団体「河南省未来研究会女性学会」を設立して民間では初の女性研究座談会を開催し、同年鄭州大学に正規の講座として「女性文学」を開講。八七年には鄭州大学に女性研究センターを設立した。

理論面では八六年「マルクス主義女性学理論の枠組を論じる」で女性学の全体像を構想し、翌年にはそれを具体化するために「婦女研究叢書」の編集にとりかかった。この叢書の執筆予定者を集めて開催した「女性学専門分野創設座談会」は、男性をまじえた研究者が専門分野を越えて率直に真剣に女性学を論じあった画期的な会であった。

八〇年代半ばには、中国全体でも思想の自由化が高潮を迎えていた。中国の公的な女性組織である中華全国婦女連合会は、李小江の女性論に正統マルクス主義からの逸脱をかぎとって警戒していたが、その姿勢にも変化が見られた。八六年に全国婦女連が主催した「第二回全国女性理論シンポジウム」には、李小江も出席して女性学の創設を提案し、熱心な賛否の討論が行われた。

このような思想自由化の動きは、八九年六月四日の天安門事件に象徴される民主化運動弾圧で後退した。李小江に対しても、婦女連幹部から「ブルジョア自由化思想」という非難が浴びせられた。その圧力に屈することなく、九〇年三月には冷気をつき破るかのように、鄭州大学女性研究センターは国際的な女性研究会議を開催する。香港・台湾からの初参加を含めて一五〇人の参加者が、熱気にあふれる討論をくりひろげた。また、李小江は九〇年代になると国外の会議などに招かれる機会もふえ、活動の範囲を広げている。

中国女性学創設の動きは、無から有を生みだすことだった。李小江はそれをひとつの運動とみなしている。ここに訳出した『女に向かって』は、その女性学創設運動の歩みを、当事者自らが語る自伝的エッセイである。李小江は、日本や欧米とはまったく異なる文化伝統・政治風土の中で、女性の主体意識を確立してゆく自らの歩みを独特の語り口で物語る。また、民間の女性学研究者が、体制の隙間を巧みに縫ってネットワークを広げてゆく過程をいきいきと描写する。一方では体制側にたつ婦女連合会、他方では「正しいフェミニズム」を押しつけてくる外国のフェミニストとのかけひきが、皮肉とユーモアをまじえて語られる。個性豊かな女性学の同志たちの横顔もスケッチされている。

タブーを打ち破る

李小江は、その女性学理論のまとめというべき『イヴの探索——女性研究論考』を一九八八年に出版し、このなかで、中国の女性学は三つのタブーを打ち破らなければならないと指摘した。この三つのタブーには、従来のマルクス主義女性解放論と、李小江が提案する女性学との差がはっきりとあらわれている。

第一のタブーは、「性のタブー」である。これには二つの意味が含まれている。そのひとつは、性的なことがらを表現したり研究の対象にしたりすることへのタブーである。一般に社会主義圏では性表現の抑制が強かったが、なかでも中国はその度合いが強く、恋愛を主題にした映画や文学さえ許されない時代が長く続いた。このタブーを破って性が自由に論議され研究できるようになることが女性学にとって必要なのはいうまでもない。

李小江がいう「性のタブー」のもうひとつの意味は、男女の機械的な平等によって、性差を人為的に淘汰してしまうことである。李小江の女性学は、これに対して男女の差異を再発見するところから出発点した。これは、日本や欧米の女性学が、自然的性差の存在に疑問をいだくところから出発して、社会的性差—ジェンダーの発見に至った道筋からは逆方向のようにみえる。男女平等→性差の否定→男性モデルへの女性の一体化という方向が極限まで進められてしまった中国においては、男女の差異を再発見し、女性としてのアイデンティィをもつことが、女性学への出発点だと李小江は考えている。

第二のタブーは「階級のタブー」である。このタブーを破るということは、女性と被抑圧階級を同一視して革命が成功すれば女性解放も達成されるとするマルクス主義女性解放論に異議を唱えることになる。女性の解放は、社会革命の中に解消されるものではなく、女性自身の自立した運動が必要だというのが李小江の主張である。そこから彼女は現状を分析し、革命によって先取り的に与えられた政治的・社会的権利に、女性自身の意識が追いつかないところに現在の中国女性の矛盾があるとした。李小江が個々の女性の主体意識と、女性全体としての群体意識の確立を呼びかけるのはそのためである。

階級のタブーへの挑戦は、マルクス主義女性解放論の正統を自認する婦女連合会から異端視されたが、李小江自身は本書の第四章「マルクス主義の『帽子』」にいうように、自分の考えはマルクス主義の発展であり、時代の変化と共に思想が発展するのは当然だとしている。

第三のタブーは、「フェミニズムのタブー」である。本来マルクス主義の側は、女性の政治的権利を求める第一波のフェミニズム運動をブルジョア女権主義として批判してきた。これに対して李小江は、女性の権利をもとめる自立した運動として欧米のフェミニズムを評価し、そこから学ぶべきだと考えている。

その一方で李小江は、自分がめざすのは中国独自の女性解放運動であって西側のフェミニズムと同じではないと主張する。本書の第七章「わたしも敏感だ」や第一八章「東と西のあいだ」にみられるように、李小江と欧米のフェミニストの間には、かなり鋭い理論的・感情的な衝突もおこっている。フェミニズムに対する李小江の理解は、われわれから見ると偏っているのではと思われる点があり、彼女が来日して交流した際に議論もした。

ただ、李小江が自分たちの「女性研究運動」を西側のフェミニズムと区別しようとする意図の奥には、外国、とりわけ欧米のフェミニストの態度に対する反撥がある。相手の態度から傲慢さや偏見が透けて見えるとき、二百年の被侵略の歴史を負っている李小江は、敏感な反応を示すのだ。

北京会議とその後

一九九五年八月から九月にかけて、第四回国連世界女性会議が北京で開かれた。世界中から三万人を超える女性が参加したこの会議は、中国にとっては国をあげての一大イベントであった。

大会に先立つ数年間、全国の大学や研究所に続々と女性研究センターが設立され、女性に関する調査報告や論著が刊行され、シンポジウムが開かれた。中国女性学はいまや花盛りと遠目には見えた。しかしその反面、女性の問題が国家の問題になってしまったことは、女性学の自主的な発展にはマイナスの効果をもたらした。NGOフォーラムの主催者となった婦女連は、フォーラムの席で中国国内の矛盾が暴かれたり異論が出されることを警戒した。李小江によると、彼女の周辺にも有形無形の圧力がかかってきたという。結局彼女は北京会議には姿を見せず、婦女連が主催したシンポジウム「中国における女性研究」では、李小江の業績にはほとんど言及されなかった。

北京会議の数カ月後、李小江は「わたしはなぜ九五年世界女性会議NGOフォーラムへの参加を拒絶したか」という文章を発表して、大会前後にかけられた圧力に抗議した。本書に付録として収録したこの文は、中国の女性が国家に対しておこなった発言としては、もっともラディカルなものの一つといえるだろう。この大胆な発言のためか、翌九六年春に日本で開催された「アジア女性史国際シンポジウム」に招請されていた李小江は来日できなかった。

しかし、世界女性会議が終わると、国内の雰囲気も落ち着いた。会議準備の過程で外国のフェミニストと接した婦女連合会は、以前のようにブルジョア・フェミニズムに敵意を示すことはなくなり、指導層の世代交代も起こって、多様な考えをもつ研究者と協力してゆく姿勢を見せ始めた。女性会議をきっかけに外国との交流や欧米のフェミニズム理論の翻訳もさかんになり、ジェンダーという概念も導入された。男女の差を強調する李小江に対して、本質主義だと批判する論も出てきたが、自由な論争は李小江も歓迎するところだろう。今後中国の女性学は、研究組織も研究分野も、多様化してゆくことだろう。その意味では、李小江が果たした創設者としての役割は一段落したといえる。彼女自身もそれを意識してか、九五年に出版した論文集に『昨日に別れを告げる』と題し、その中で八〇年代に個人として、グループとしての意識に目覚めた女性たちが、次の段階では社会に参入し、その構造を変革する力となることを期待している。

自然な人・直観の人

この文の冒頭にもスケッチしたように、李小江はじつに個性的な人である。そのことは本書の中から十分感じとれるだろう。彼女の文には理解しにくい点があるかもしれないが、それは日本と中国の状況の差だけでなく、著者の詩人的な直観が散文的な説明を省いてしまう点にもあるように思う。ひとつの運動の創始期には、しばしば直観に優れたカリスマ的なリーダーがあらわれる。日本の女性運動でいえば、『青鞜』の平塚らいてうや、リブ運動の田中美津などを連想するが、李小江もそういう歴史的役割を担った人といえそうだ。

李小江の人柄について、女性学創設の苦労を分かち合った梁軍によるスケッチがあるので要約して紹介しよう（「女性教育十年の回顧」、李小江編『女性研究運動』一九九七年所収）。

――私を惹きつけた彼女の第一の魅力は「自然」である。彼女が自然を好きなだけでなく、怒るときは雷鳴のごとく、それが過ぎれば陽光燦然、彼女自身が自然そのもので虚飾がない。第二は「自由」。何にもまして束縛を憎み、古い自分を軽々と脱ぎ捨てて進んでゆく。第三は「平和」。大胆な言動のため闘争を好むと誤解されやすいが、じつは争いごとが大嫌い。攻撃が来そうな予感がすると、「逃げるにしかず」と身をかわす。強権政治のもとでは、それが運動を守る戦略にもなった。

――もちろん人間だから欠点もある。第一は、思いつきが多すぎる。思いつけば、すぐ実行し、またつぎのことを思いつくので、周囲のものは振り回される。第二は、純粋すぎて、わずかな不純や汚れも許さない。第三は、人の気持に敏感すぎること。こちらに私心があるのを見てとると、容赦ない攻撃が飛んでくる。私は何度も腹を立て、ケンカ別れをしそうになったが、彼女の友情と共同の事業を失うのは自分の損失が大きすぎる。それでときたま彼女に向かって「西太后」「ヒットラー」と叫んで溜飲を下げることになる。

さすがに長いつきあいの梁軍、この紹介に余計なことをつけ加える必要はなさそうだ。

＊　＊　＊

本書は、李小江《走向女人——新時期婦女研究紀実》（河南人民出版社、一九九五年）の全訳である。原書には本文のほかに「中国における女性研究の発展とその展望」が収録されているが、これは一九九〇年に書かれたものなので、これと重なる内容で九〇年代前半まで言及されている「新時期女性運動回顧」を付録として訳出した。さらに、李小江が九四年に来日して訳者の所属する「中国女性史研究会」と交流したときの記録と、「わたしはなぜ九五年世界女性会議NGOフォーラムへの参加を拒絶したか」も付録とした。前者は訳者にとって思い出深いだけでなく、日本人との交流という意味で読者にも親しみやすく、また李小江がこちらの質問に答える形で語っているので彼女の考えが理解しやすい面があると思う。後者は、歴史的に重要な文献であり、反骨の人李小江の真骨頂を示すものである。この文を最初に日本で雑誌掲載したときの経緯を示す訳者の文を解説として添えた。

本書の出版にあたっては、インパクト出版会の深田卓・須藤久美子さんにお世話になった。中国専門家ではないお二人が、訳稿を読んで評価してくださったことが、作業をすすめる上で励ましになった。そのほか、お名前はあげきれないが、いろいろ教えてくださった方たちに感謝している。

著者紹介

李小江（り・しょうこう　Li Xiao jiang）

1951年生。中国河南省・鄭州大学にて教鞭をとるかたわら、1983年、論文「人類の進歩と女性解放」を発表。以来、民間女性研究団体「女性学会」の設立、鄭州大での女性研究センター設立、『婦女研究叢書』の創刊など、中国女性学のパイオニア的存在として活躍している。96年以後鄭州を離れ、現在は北京在住。代表的な著書に『イヴの探索』（河南人民出版社、1988年）、『女性の出路』（遼寧人民出版社、1989年）、編著書に『性別と中国』（北京三聯書店、1994年）、『女性研究運動——中国のケース』（オックスフォード大学出版社、1997年）など多数。

訳者紹介

秋山洋子（あきやま・ようこ）

1942年生。中国文学・女性学専攻。駿河台大学で留学生の日本語教育にたずさわる。日本ウーマンリブ運動の先駆的グループ「ウルフの会」メンバー。著書に『女たちのモスクワ』（勁草書房、1983年）、『リブ私史ノート』（インパクト出版会、1993年）、訳書に『フェミニズムは中国をどう見るか』（勁草書房、1990年）、編訳書に『中国女性——家・仕事・性』（東方書店、1991年）、『中国の女性学』（勁草書房、1998年）など。

女に向かって　中国女性学をひらく

2000年5月30日　第1刷発行
著　者　李　小江
訳　者　秋山洋子
装　幀　田邊恵里香
発行人　深田　卓
発　行　(株)インパクト出版会
東京都文京区本郷2-5-11　服部ビル
TEL 03-3818-7576　FAX 03-3818-8676
http://www.jca.ax.apc.org/~impact
E-mail　impact@jca.ax.apc.org
郵便振替 0110-9-83148

シナノ印刷